鹿角ことば

方言の森を歩く

阿部明広

無明舎出版

鹿角ことば◉目次

鹿角ことば——方言の森を歩く

はじめに

いろいろな方々の方言集を目にしましたが、方言の単語と並ぶ重要な要素である発音については どの方も、突きあたる壁として苦心されているようです。

様々な〝発音記号〟などを目にしましたが、もともとが、不明瞭な発音であることから鹿角のことばにおいても、いろいろな方の、個人差や地域差があるものを一括りに〝鹿角ことば〟としても無理があると思われ、それを整理するためには幅広い解釈の例を挙げることや、辞書のようなページ構成になるかもしれず、正直なところ、私の手には負えそうにはありません。どなたかに頑張って頂きたいものだと思っています。

単語については、ぢ、じ、ず、づ、などなどの使い分けと聞き分けは困難なため、可能な限り併記しており、どちらの表現もありだと思っています。

・あ㋛げる／あ㋜げる＝預ける
・㋒にゃ！／Ⓝにゃ！＝呆れた時の感嘆詞

などと記し、じもずも、㋒もⓃなどについても、どちらもありとして、そのようなページが続いています。

そして、〝が〟と、〝が〟の発音は鼻濁音とでも注釈を付けるか、録音の音声を付けようか、とも考えましたが、それらについては別の機会に考えたいと思います。

さらに、不明瞭な言葉を文字で表すことの無謀については、本文の〝使用例〟の中で単語と接続詞の間に、しつこいほどの〝、〟を付けて難読さの軽減を試みました。
・あだぁ、がぁ、どば、遊《あし》ばねぇ、〝あが〜め〟。
・さ、〝あまっこ〟、御馳走《ごっちょ》、なて、行《え》ご、がな。
漢字の振り仮名についても方言のままの読み方をあえて付けています。

「鹿角ことば」というタイトルは付けていますが、稚拙ではなはだ不完全なものであることを予めお断りしなければなりません。


娘の旦那が大阪の人で、私と私の友人と三人で山に出かけた際、私らが何を話しているのか、「まったく、わからんかった！」と言うのを聞いて大笑いしたことがありました。私たちの言葉が外国暮らしの経験がある彼にしても、少しの理解もできない言語であったのです。

いつものように、作業に夢中になるあまり、彼が大阪出身であることを忘れて、ネイティブな〝方言〟で活発なコミュニケーションを取っていたのです。

言葉には流行もすたりもあるでしょうが、私たちは平均的な言語にならされ、周りにはいかにも味のある方言を使う人はほとんどいなくなりました。

それでも地域の共同作業などの雰囲気の中では、普段は使わない言葉であっても、耳に残る記憶の言葉（方言）が湧きだすように出てくる時があるかもしれません。

耳で聞いたことのある言葉が記憶として残っていても、使う機会がなければ忘れてしまうし、聞かなくなれば知る人もいなくなるのは必然です。もし、その中で残り続ける言葉があるとすれば、それは誰もが知る〝方言〟なのでしょうね。記憶に残る言葉とは自分の主観にすぎませんが、消えてしまわないように書き留めておきたいと温《ぬく》め続けていました。それをこの方言集を作ることの意味としました。はたして、これが〝鹿角ことば〟であるかは、少し無理を感じつつも、文中の使用例は、まさしくここに暮らした人たちの言葉ですし、これらを読み下して頂き、できればその奥にある暮らしぶりに想いをめぐらせていただきたいのです。

さて、どんな景色と、どんな人たちの表情や暮らしぶりが浮かんでくるのでしょう。

あ

【あうぇ】

語源／意味　／畝《うね》の間

使用例　畝の、〝**あうぇ**〟、さば、何が、植えればぁ、草とねぇてぇも、いいんだ、おん。

訳例　畝の間に、何か植えれば草取りしなくていいんだよ。

【あがりっぱ】

語源／意味　上り端／玄関の一段上がった所

使用例　戸開げだばぁ、〝**あがりっぱ**〟さ、じょんと、立ってらの、や。

訳例　戸をあけたら、上り端に、突っ立っていたんだ。

【あが―びっき】

語源／意味　／赤ん坊

使用例　朝飯《あさまま》食《く》ぅど、〝**あがびっき**〟、背負《しょ》って、来たの、や。

訳例　朝ごはんを食べてすぐ、赤ん坊を背負って来たんだ。

【あがたぐれ】

語源／意味　／皮膚が敗れた状態のけが、赤剥け

使用例　山で、ブッ転んで、どごサ、ぶつけだもんだだが、〝**あがたぐれ**〟なて、戻て来た、おんだ。

訳例　山で転んで、どこにぶつけたものやら、赤剥けになって戻って来たんだ。

【あが〜め】

語源／意味　赤目／子供同士のけんかで指で下まぶたを返し、相手を軽蔑する仕草

使用例　あど、がぁ、どば、遊ばねぇ、〝**あが〜め**〟。

訳例　もう、お前とは遊ばないよ、〝**あが〜め**〟。

【あがしっこ】

語源／意味　／明かり、灯火

使用例　やい、暗れぇぐなて来た、たいに、〝**あがしっこ**〟、点けで、けろ。

訳例　おい、暗くなってきたから、明かりをつけてくれ。

【あぎた】

語源／意味　／あご

使用例　きながら、〝**あぎた**〟、病めで、まま、食えねぇ、のやぁ。

訳例　昨日から、顎が痛くて、食事を摂れないんだ。

【あくしぇん】

語源／意味　／くしゃみ、くしゃみを強調した表現

使用例　なんぼげぇり、が、〝**あくしぇん**〟て、やたもだだが。

訳例　何回くしゃみを、したもんだか。

【あぐでぇ—つぎ】

語源／意味　／悪態を言う人、猥談者

使用例　あっこの、婆、〝**あぐでぇ—つぎ**〟、だにかて、なぁ。

訳例　あそこの、婆さん、悪態をいう、からなあ。

【あぐ】

語源／意味　／灰

使用例　芋の切り口サ、〝**あぐ**〟付けで、植《うぇ》るんだ、んだ。

訳例　芋の切り口に、灰を付けて、植えるんだよ。

【あぐだれ】

語源／意味　／悪たれ　きかん坊、粗野な人

使用例　ほにほに、あの、〝**あぐだれ**〟、にかて、困たもんだ。

訳例　ほんとうに、あの、きかん坊、には困ったもんだ。

【あぐだれ—ぼんず】

語源／意味　悪たれ—坊主／きかん坊

使用例　今だら、立派、なたども、童た、頃ぁ、〝**あぐだれ—ぼんず**〟、でしゃぁ。

訳例　今は立派になったけど、子供の頃はきかん坊でねぇ。

【あぐど】

語源／意味　／かかと

使用例　あんまり、きかなくて、跳《は》ねまった、拍子に、〝**あぐど**〟、サ、ギッチャリ、釘刺したっけど。

訳例　とってもきかんぼうで、動き回った拍子に、踵に釘をズバッとさしたんだって。

【あげぇもす】

語源／意味　上げ申す／神仏に供物をささげる

使用例　仏様サ、まんず、鍋餅《なべもち》、〝**あげぇもし**〟、てけぇれ。

訳例　仏壇にまず、おはぎをお供えして。

【あさま】

語源／意味　朝間／あさ

使用例　〝**あさま**〟、早ぐ、に、出がげ、だっけ、ど。

訳例　朝早くに、出かけたんだって。

【あさてっかり】
語源／意味　朝照り／朝焼けは雨になる兆し
使用例　隣りの、あんこぁ、〝あさてっかり〟、知らねぇで山サ行《え》ってから、雨に降らいで、ゴダゴダ、ど、ぬいだおだど。
訳例　隣の息子、〝あさてっかり〟を知らないで、山に行ってぐっぐったに濡れたんだって。

【あしぶ／あしべぇ】
語源／意味　遊ぶ／遊べ
使用例　童《わらし》だぁ、そど、で、〝あしぶんだ〟。
訳例　子供は、外で遊んだら

【あしかだ】
語源／意味　足型／足跡
使用例　うしゃらしぐねぇ、猫《ねご》だぁ、ふとぁ、しぇっかぐ、こしぇだ、畝サ、〝あしかだ〟、つけで、けじがった。
訳例　憎たらしい猫だ、せっかく立てた畝に足跡を付けやがった。

【あじ（ず）げぇる】
語源／意味　預ける／持ってってもらう、保管してもらう
使用例　まっこ、いっぺもらた、どごでぇ、おどせば、なねぇたいに、婆さ、〝あじげで〟きた。
訳例　お年玉を一杯もらったので、落としたら大変なので、おばあちゃんに預かってもらった。

【あじましい】
語源／意味　／気持ち良い
使用例　そしてもられば、〝あじましい〟、どもなぁ。
訳例　そうしてもらえれば、すっきりするけどなぁ。

【あしのへら】
語源／意味　／足の甲
使用例　どした、もだだが、〝あしのへら〟、痛でぇぐ、なて、しまてしゃ。
訳例　どうしたもんだか、足の甲が痛くなってしまってねぇ。

【あせぇもの】
語源／意味　併せもの／おかず、副食
使用例　〝あせぇもの〟、かでで、てんごに、食《く》うもだでぇ。
訳例　おかずと一緒に食べるもんだよ。

【あず（じ）がる】
語源／意味　／食事の介助をする、養う

使用例　ほれほれ、爺《じぃ》ぁ、まま、〝**あずがって**〟けろがなぁ。
訳例　ほれほれ、爺ちゃん、ご飯手伝ってあげようかな。

【あだぶねぇ】
語源／意味　危ない／危ない
使用例　ちゃんと、しめねぇば、〝**あだぶねぇ**〟、だでぇ。
訳例　ちゃんと閉めないと、危ないんだよ。

【あだらし—めぇ】
語源／意味　新前／おろしたて、新品
使用例　えふり、こいで、〝**あだらし—めぇ**〟、着て、行《え》った、どごで、雨にかて、ゴダゴダど、なてしまた、どや。
訳例　いい恰好して、おろしたてを着てきてら、雨に降られてビチョビチョになったんだって。

【あだり—ほどり】
語源／意味　／辺り畔　辺りと、ほとりを含めた範囲
使用例　ちゃんと、〝**あだりほどり**〟、見でぇ、探す、んだぁ。
訳例　ちゃんと、その辺をしっかり見て、捜すんだよ。

【あだり—が】
語源／意味　／行こうよ、行ってみようよ。
使用例　まんつ、〝**あだりが**〟、手前《てめぇ》の、眼《まなぐ》で、見ればわがるんだでぇ。
訳例　まず、行ってみよう、自分の目で見ればわかるんじゃないか。

【あだこだ】
語源／意味　ああだこうだ／言い訳、理屈をこねる
使用例　〝**あだこだ**〟、て、こしゃぐ、ばり、してねぇで、早ぐ、しまて、しまるんだ。
訳例　ああだこうだ、と言い訳ばかりしていないで、早く終わったら。

【あだぁでぇ—こだぁでぇ】
語源／意味　あぁだこうだ／言い訳、理屈をこねる
使用例　もさげねぇの、一言もわびねぇで、けじがって、〝**あだぁでぇ—こだぁでぇ**〟、って、文句ばり、たげぇで！
訳例　悪かったと一言も詫びもしないで、理屈をこねて、文句ばかり言いやがって。

【あったもんでねぇ】
語源／意味　／あったもんではない
使用例　何けでぇも、ありがでぇ、じ、ごど、ねぇ。あん

たら奴《やづ》やづ、〝**あたもでぇねぇ**〟んだ。

訳例　何をあげても、ありがたいと思わない。あんな奴、あるもんでないよ

【あちゃぺねぇ】

語源／意味　／品がない、あさはかな。

使用例　ごろっと、いがいだってな。随分《ずんぶ》、〝**あちゃぺねぇ**〟、もんだなぁ。

訳例　簡単に死んでしまったんだって、随分あっけないもんだなぁ。

【あっこ】

語源／意味　／水（幼児語）

使用例　…〝**あっこ**〟、飲むがぁ。

訳例　…水飲むか。

【あっぺぇ／ばっぺぇ】

語源／意味　／汚い（幼児語）

使用例　手って、で、さなめば、〝**あっぺ**〟、んだよ。

訳例　手で触ると、ばっちいんだよ。

【あっちゃ】

語源／意味　あっち／あっちの方

使用例　あれどぉ、だば、さっきたかだ、〝**あっちゃ**〟、行った、けよ。

訳例　あいつらだったら、ついさっき、あっちに行ったよ。

【あっちゃ―こっちゃ】

語源／意味　／あっちの方＋こっちの方、より広い範囲

使用例　挨拶しに、〝**あっちゃ―こっちゃ**〟、まわて、来たっけ、どや。

訳例　挨拶をしにあちこち回ってきたそうだ。

【あったら―もの】

語源／意味　／あんな奴

使用例　〝**あったら―もの**〟、あでに、さねぇんだ!。

訳例　あんな奴に期待しない方がいいよ。

【あでぇ―くしぇ】

語源／意味　当て臭い／相手にならない、たやすい

使用例　今更、そんたらもの、〝**あでぇ―くしぇ**〟でぇ。

訳例　今更、そんなもの、簡単すぎるよ。

【あでぇ―ねぇ】

語源／意味　値なし／意味がない、甲斐がない

使用例　そのぶで、ぶかいろんだば、高げぇの、買った、〝**あでぇ―ねぇ**〟、で、ねぇな。

訳例　その程度で壊れるのなら、高級品を買った意味がないんじゃない。

【あな】

語源／意味　／父親

使用例　〝**あな**〟、〝あぱは〟？

訳例　父さん、かあさんは？

【あにがに】

語源／意味　／ほとんど

使用例　稲刈りも、〝**あにがに、**〟しました、どごだど。

訳例　稲刈りも、だいたい終わったところだって。

【あの―す（し）な】

語源／意味　／あのですね（敬語）

使用例　〝**あの―すな**〟へどなの事だどもっす…

訳例　あのですね、この前の事なんですが…

【あっぱ】

語源／意味　／母親

使用例　〝**あっぱ**〟、あな、は？

訳例　母さん、父さんは？

【あべぇ】

語源／意味　／行こう

使用例　やい、山サ、〝**あべぇ**〟、どや。

訳例　おい、山に行こうってよ。

【あまっこ】

語源／意味　／甘酒

使用例　さ、〝**あまっこ**〟、御馳走《ごっちょ》、なて、行ご　がな。

訳例　さあ、甘酒を御馳走なって行こうかな。

【あまさいる】

語源／意味　／手におえない、あきれられる

使用例　あれぇしぇ、わげぇっから、酒コ飲めば、ごんぼ掘るどごで、〝**あまさいで**〟、らっけ。

訳例　あいつはねえ、若いころから酒癖が悪くて敬遠されていたんだ。

【あめ―かまり／あめ―くしぇ】

語源／意味　／腐った臭い

使用例　えっちがら、あれぇ、ど、思《おも》て、蓋取ったば、〝**あめ―かまり**〟、したおだ。

訳例　ずっと前からあるぞと思って、蓋を取ったら、腐った臭いがしたんだ。

【あめる】

語源／意味　／腐る

使用例　冷蔵庫《れじょこ》のトーフ、〝**あめる**〟どごだど、や。
訳例　冷蔵庫の豆腐が腐りそうなんだと。

【あねこ】

語源／意味　／姉こ　姉さん、御嬢さん
使用例　〝**あねこ**〟、さ、まっこ、けろがな〜
訳例　お姉さんにお年玉あげようかな。

【あんこ】

語源／意味　／兄こ　男の子、長男、兄
使用例　ほれ〝**あんこ**〟さも、まっこ、けらぁよ。
訳例　ほれ、兄さんにもお年玉あげるよ。

【あらぐれかぎ】

語源／意味　／田植え前の作業、代掻《しろか》き
使用例　よやぐ、〝**あらぐれかぎ**〟、しまた、どごだおだ。
訳例　ようやく、田んぼの代掻きが終わったところだ。

【あらぎ】

語源／意味　／焼畑
使用例　童た頃、〝**あらぎ**〟さ、まま、とどげに、行がへらいだ、もだ。
訳例　子供の頃、焼畑にご飯を届けに行かせられたもんだ。

【ありじが—もり】

語源／意味　／アリ塚盛　アリ塚
使用例　静《し》がに、見でれぇ、〝**ありじが—もり**〟、がら、ありじが、だぁ、もりもりど、出でくれぇ。
訳例　静かに見てるんだよ。アリ塚から、アリたちがいっぱい出て来るよ。

【あんべぇ】

語源／意味　／塩梅　按配、体具合
使用例　わんちが、休だバ、何ぼが、〝**あんべぇ**〟、いぐなたいた。
訳例　ちょっと休んだら、いくらか具合がよくなったようだ。

【あんべぇ—くじ】

語源／意味　／下唇のつきでた口
使用例　〝**あんべぇ—くじ**〟蜂に刺さいだっけど…
訳例　下唇をハチに刺されたんだって…

【あんちこど】

語源／意味　／案じ事　心配事
使用例　オメ、元気ねぇども、何が、〝**あんちこど**〟、でもあるのだが？

訳例　あんた、元気ないけど、何か心配事でもあるのか。

い

【いげぇる／いげった】
語源／意味　／行き会う
使用例　郵便局で、あいさ、バッタリ、〝いげった〟、のや。
訳例　郵便局であいつに、突然会ったんだ。

【いじくされ】
語源／意味　／意地腐れ　意地汚い
使用例　あいだっけ、わげっ、から、〝いじくされ〟、でしゃ、きららいで、らおでぇ。
訳例　あいつは若いころから、意地汚くて、嫌われていたんだよ。

【いだわしい（しね）】
語源／意味　労し／もったいない、大切な、惜しい
使用例　あいたらの、さ、けろんだば、〝いだわし〟、でぇ。
訳例　あいつに上げるんだったら、もったいないよ。

【いづ―の―こまに】
語源　何時の小間に／いつの間に
使用例　あの童にかて、走しぇまって、行ったけぇ、〝いづ―の―こまに〟が、戻ってらっけ。
訳例　あの子は、走って行ったけど、いつの間にか戻っていたんだ。

【いってぇ】
語源／意味　一平／辺り一面
使用例　朝間に、寝ほいでぇしまて、ハァ、隣の爺にかて、〝いってぇ〟に、草刈らいで、らっけょおんな。
訳例　朝寝坊したら、隣の爺さんに一面草を刈られたんだよ。

【いっちが―かっちが】
語源／意味　／いつか、その内
使用例　ふと、がら、借《か》いだ、おだおん、〝いっちが―かっちが〟、もってくる、べ。
訳例　借りたんだろうから、いつか持ってくると思うよ。

【いっつも―かっちも】
語源／意味　四六時中／いつもいつも
使用例　〝いっちも―かっちも〟、オレさばり、いづげで、

けづがって。

訳例　いつもいつも、俺にだけ言いつけるんだから。

【いでぇ】

使用例　そんたらに、強ぐまるげば、肩、もなも〝**いでぇ**〟、だでぇ。

語源／意味　痛い／痛い

訳例　そんなに強く縛ると、肩もなにも痛いんだよ。

【いどご】

語源／意味　／親戚

使用例　盆なれば、あいも、来るたいに、みんなして、〝**いどご**〟会、やるべ！

訳例　お盆にはあいつも来るから皆でいとこ会やろうよ。

【いど（ん）ど…】

語源／意味　／もともと…

使用例　〝**いど（ん）ど**〟、もてぇねぇ、ど、思《おも》てらやず、皆《みな》、けでぇしまる、じぃ、ごどぁ、あるてな。

訳例　もともと、もったいないと思っていたのに、全部、あげてしまうのはあるってか。

【いらける】

語源／意味　／意地汚い品定め

使用例　そんたに〝**いらけ**〟でねぇても、みんな、同《ふと》じ、だんだ！

訳例　そんなに選ばなくても、みんな同じだよ。

【いらむ】

語源／意味　／選ぶ

使用例　そんたらに、〝**いらむ**〟、ってがぁ。

訳例　そんなに選ぶってか。

【いろっぺ】

語源／意味　／色彩

使用例　うにゃぁ、お前ぇもな、〝**いろっぺ**〟悪《わり》ィ、のばり、いらって。

訳例　いやぁあんたも、彩の悪い物ばっかり選んで。

う

【うじゃめぐ】

語源／意味　／悪寒・不快・悪い予感　がする

使用例　風邪ッ気で、しぇながら、なもかも〝**うじゃめぐ**〟

のッス。

訳例　風邪気味でとても悪寒がするんです。

【うしゃらし―ぐねぇ】

語源／意味　／憎たらしい

使用例　あの爺様、俺《おい》さばり、ごしぇで、〝**うしゃらしぐねぇ**〟、ぐて、しかだね。

訳例　あの爺さん、にくったらしくって仕方ない。

【うじゃましい】

語源／意味　／ぞっとする、気持ち悪い

使用例　そんたら、話、やめで、けろ、でぇ、〝**うじゃましぃ**〟。

訳例　そんな話やめてくれよ、気持ち悪い。

【うじゃめぐ】

語源／意味　／胸騒ぎがする、（胸が）ざわざわする

使用例　見送って、来たども、何だが、〝**うじゃめぐ**〟でぇ〜

訳例　見送ったけど、何だか、胸騒ぎがするよ。

【うしらめごい】

語源／意味　／一寸可愛い、憎めない

使用例　あの童しぇ、じれこだども、〝**うしらめごい**〟、どご、ある、に、かて、な。

訳例　あの子は腕白だけど、可愛いところもあるんだよな。

【うしろこんど】

語源／意味　／後頭部

使用例　うしゃらしぐねぇくて、〝**うしろこんど**〟、びんぐり、やってぇぐ、なるおだっけ。

訳例　頭に来て、後頭部をガツンとやりたくなるんだっけ。

【うしろけぇし】

語源／意味　後返し／後側、裏側

使用例　たまげぇだ、拍子に、〝**うしろけぇし**〟、に、とっころげった、けど。

訳例　驚いた拍子に、後ろ向きにひっくり返ったんだって。

【うずぐ／うづぐ】

語源／意味　／病気がうつる、感染する。

使用例　あまり、そばさ行げぇば、エボ、〝**うづぐ**〟、んでぇ。

用例　あまり側に行くと、イボがうつるよ。

【うずげる／うづげる】

語源／意味　／①ふざける　②病気をうつす（感染）

使用例　①あんまり〝**うずげねぇ**〟んだ。
②エボ、〝**うずげ**〟でけらぁ。

訳例　①あまり、ふざけないんだ。
②イボうつしてやるぞ～

【うだで】

語源／意味　／あきれる、凄惨な、ぞっとするような

使用例　まだ、あいが、うんにゃー、〝**うだでな**〟。

訳例　また、あいつか、いやぁーあきれたもんだな

【うちゃめぐ】

語源／意味　／うろうろする、うろたえる、せわしない

使用例　そんたらに、〝**うっちゃめがね**〟で、だまて、まじでぇろ！

訳例　そんなに、うろたえないで、静かに待ってろ。

【うっちぇ】

語源／意味　／億劫、面倒くさい、煩わしい

使用例　うんにゃー、〝**うっちぇ**〟、なー

訳例　いや～めんどくさいな～

【うど】

語源／意味　／空洞、中身がない

使用例　むがし（昔）から、なりばり、おっきぃの、〝**うど**〟の大木《たいぼく》、って、言《へ》た、おだんだ。

訳例　昔っから背ばかり高い奴をウドの大木って言ったんだよ。

【うどげ】

語源／意味　／おとがい　喉元

使用例　〝**うどげ**〟、サ、手コ、当でで、みだりが。

訳例　のどに、手を当ててごらん。

【うにゃ！／んにゃ！】

語源／意味　／驚き（感嘆詞）

使用例　〝**うにゃ！**〟、たまげだごど！

訳例　あれ！、びっくりした。

【うにゃ～／んにゃ～】

語源／意味　／ため息交じりの驚き・呆れた時の表現（感嘆詞）

使用例　〝**うにゃ～**〟おめにかてー

訳例　いや～あなたって人は…

【うにゃ、うにゃ～／んにゃ、んにゃ】

語源／意味　／大げさな、ため息交じりの驚き・呆れた時の表現（感嘆詞）

使用例　〝うにゃ、うにゃ～〟ホントにおめにかて～

訳例　いや～本当にあなたって人は…

【うにゃ―にゃ―にゃ―にゃ～／んにゃ―んにゃ―…】

語源／意味　／大げさな、ため息交じりの驚き・呆れた時の最大級の大げさな表現（感嘆詞）

使用例　〝うにゃ―にゃ―にゃ―にゃ～〟、おめにかて、ほにほに～

訳例　いや、いや、いや～本当にあなたって人は…

【うらこ】

語源／意味　／先っちょ

使用例　〝うらコ〟かっちぐって、くるのしぇ。

訳例　先の方を折って採るのさ。

【うるがす／うるがさいだ】

語源／意味　／①水にひたす・水につける　②間をおく

使用例　①塩《しょ》っぺ、たいに、三日ばり、水さ、〝うるがす〟、のしぇ。

②急ぐて、頼《たの》でらもの、あいにかて、〝うるがさいだ〟、てぇが。

訳例　①塩辛いから三日ぐらい流水に浸すんだよ

②急ぐってお願いしていたのに、あいつに放置されてたのか。

【うんと】

語源／意味　／一杯

使用例　〝うんと〟、盛《も》って、やってけれ。

訳例　一杯盛ってあげて。

【うむ】

語源／意味　／①化膿する、②熟す

使用例　①犬に、かじらいだ、どご、〝うん〟できたど。

②まだ、〝うむ〟でぇ、もったいねぇ、たいに、も少し、うむすんだ。

訳例　①犬に齧られた傷が化膿してきた。

②まだ、完熟していないから、もう少し、熟させるんだ。

【うむす】

語源／意味　／蒸らす、蒸す

使用例　湯気、あがても、も少し、〝うむし〟、た、ほ、えんだ。

訳例　湯気が上がってきても、もう少し蒸した方がいいんだ。

【うんじゃり】

語源／意味　うんざり／飽きる

使用例　聞きたぐねぇ、その話、は、〝**うんじゃり**〟、だでぇ。

訳例　聞きたくない、そのはないはもううんざりだ。

え

【えぇっしぇ】

語源／意味　／へ～え、ははぁ、なるほど

使用例　ほんにが、お～、〝**えぇっしぇ**〟、〝**えぇっしぇ**〟。

訳例　そうなのか、おお、おお、なるほど、なるほど。

【えぇじゃま】

語源／意味　／良い様　いい気味（子供たちが、相手の失敗を喜ぶ、はやし言葉）

使用例　〝**えぇじゃま―えぇじゃま**〟…

訳例　いい気味だ、いい気味だ。

【えがぁ】

語源／意味　イカ／イカ

使用例　この、〝**えがぁ**〟、食っても、えんだがぁ？

訳例　このイカ、食べてもいいのか？

【えがえが】

語源／意味　／いがいが　チクチクと痛痒い症状・様子

使用例　田さ、助《しけ》るどって、支度も、さねぇで、稲の束、背負《しょ》ったどごで、あちこち、〝**えがえが**〟、てらけどや。

訳例　田んぼを手伝うって支度もしないで来て、稲たば背負ったら、あちこちチクチクだって。

【えがぁ―めぇぐ】

語源／意味　／チクチクと痛痒い状態

使用例　頸《くび》た、の、辺《あだ》りぁ、まんだ、〝**えがぁ―めぇぐ**〟、でぁ。

訳例　首のあたりがまだチクチクするよ。

【えがむ】

語源／意味　／ひどくしかる

使用例　おいだってぇ、わんじゃに、やたおんだらぁ、いがに、そんたに、〝**いがむ**〟、なでぇ。
訳例　俺だって、」わざとやったわけでもないのに、そんなに怒るなよ。

【えぎぃ】
語源／意味　勢い／勢い、元気
使用例　あの若ぇ者、〝**えぎぃ**〟、つけで、行《え》った、おんだっけ、おな〜
訳例　あの若者、威勢よく出かけたものな〜

【えきながって／えきなって】
語源／意味　いい気になって／いい気になって、いい気になりやがって
使用例　ちゃらちゃら、ど、〝**えきながって**〟、歩いでらっけ…
訳例　すまし顔で、いい気になって歩いてた。

【えぐら】
語源／意味　／縁の下
使用例　音すなぁ、て、思ってらっけ、ねぇご、しぇ、〝**えぐら**〟、さ、仔っこど、えっぺ、まして、らのや。
訳例　音がするなと思っていたら、猫が縁の下で仔を一杯産んでいたのさ。

【えげぇてぇ】
語源／意味　／みっともない、見苦しい、品質が悪い
使用例　うにゃ、まんず、〝**えげぇてぇ**〟、ぐ、なたな〜
訳例　いや〜本当に見苦しくなったな。

【えじが―かじが】
語源／意味　／いつか、そのうちに
使用例　まんだ、がぁ、童コ、だたいにナ、へでも、〝**えじが―かじが**〟、かっつぐ、んだ。けっぱれ、な。
訳例　まだお前は子供だからな。でも、いつかは追いつくんだから、頑張れよ。

【えしから】
語源／意味　／石川原　石がゴロゴロの川原
使用例　おれぇ、の、田、〝**えしから**〟、でしゃ、石《えし》、ひろて、助《しけ》らいてぇのっし。
訳例　うちの田んぼは石が一杯だから、石拾いを手伝ってもらっていたのです。

【えしぇる】
語源／意味　／いじける、すねる
使用例　あんまりしゃべれば、〝**えしぇらいれ〜**〟
訳例　あまり言うと、すねられるよ。

【えじゃま】
語源／意味　いい様／いい気味、いい様
使用例　〝**えじゃま**〟、くた～：子供のはやし言葉
訳例　いい様だ～

【えずい／えんじ】
語源／意味　／眼などにゴミが入ったような違和感、しっくりこない様子＝えんじに同じ。
使用例　「あまり、まなぐ、こぐねぇんだ」、「なんだが、〝**えずぃ**〟、くて」
訳例　あまり目をこすらないで」、「なんだかゴロゴロして」

【えた―えた】
語源／意味　／足元のおぼつかない歩行ぶり
使用例　ぎやねぇぐ、なた、おんだ、びょん、〝**えた―えた**〟、どおれぇ家《え》さ、来たおんだ。
訳例　寂しくなったのだと思うよ。よたよたと俺の家に来たんだ。

【えでぇ／えでぇ（っこ）】
語源／意味　／相手／相手・仲間
使用例　だいも、〝**えでぇ**〟、いねぇおん。一人《ふとり》こ、行《いぐ》くしかねがべしゃ。
訳例　誰も相手がいないから、一人で行くしかないだろう。

【えだ―そらねぇ】
語源／意味　／居た心地がしない、落ち着かない
使用例　あんまり、しやへなぐ、さいで、〝**えだ―そらね**〟、がった、どや。
訳例　あんまり、しつこくされて、落ち着かなかったそうだよ。

【えっかだ】
語源／意味　／まるっきり、いっつも
使用例　〝**えっかだ**〟、邪魔ばりしてけずがって…
訳例　いつも邪魔ばかりするんだから…

【えっこ】
語源／意味　／家っこ　分家
使用例　〝**えっこ**〟、の父さんにも来てもらてけろ！
訳例　分家の父さんに来てもらってくれ！

【えっとごま（ごな）】
語源／意味　一寸小間／少しの間
使用例　聞いで、来るがら、〝**えっとごま**〟、まじで、でけ

ろど。

訳例　聞いてくるから、ちょっと待ってくれって。

【えっとな】

語源／意味　／ちょっと

使用例　〝**えっとな**〟、まじで、けろ～

訳例　ちょっと待ってて。

【えっちがら】

語源／意味　／ずっと前から

使用例　俺だばしぇ、〝**えっちがら**〟、そうだべ、ど、思って、らおだ。

訳例　俺だったら、ずっと前から、そう思っていたんだ。

【えっちに】

語源／意味　／ずいぶん前に

使用例　借物ぁ、〝**えっちに**〟、すました、ど、思てたどもスナ。

訳例　借りたものは随分前に返したと思っていたんですが。

【えっちもかっちも】

語源／意味　／いつも、何時でも、常時

使用例　〝**えっちもかっちも**〟、おいさばり、いづげぇね、たて、いがべぇ、どもな。

訳例　いつもオレに言いつけなくてもいいじゃないか。

【えっぺぇ】

語源／意味　一杯／一杯、たくさん

使用例　俺さば、〝**えっぺぇ**〟、けで、くんだい。

訳例　俺には一杯下さい。

【えどり】

語源／意味　合い取／餅つきの返し役

使用例　〝**えどり**〟、じなぁ、しぇ、突ぐ、人《ふと》、の、側コさ、いねぇば、なねぇもだんだ。

訳例　合い取りというのはね、突き手の傍にいなければならないんだ。

【えなばら】

語源／意味　／縁の下＝縁の下に同じ

使用例　猫《ねご》ぁ、〝**えなばら**〟、サ、まだ、へた、ままだ、びょん。

訳例　猫が縁の下に入ったままだと思う。

【えのしろ―げぇぐり】

語源／意味　／家の後ろ＋廻り

使用例　童ど、〝**えのしろげぇぐり**〟、で、運動会ごっこ、やってらど。

訳例　子供たちが家の周りで運動会ごっこやっているんだって。

【えふり】

語源／意味　良いふり／服装や態度で普段とは違う、いい恰好

使用例　みんな見でら、ど、思て、〝えふり〟、まげでいだ、おだ、びょん。

訳例　みんなが見てるからと、いい恰好をしていたんだと思うよ。

【えふり—こぎ】

語源／意味　／服装や態度でいい恰好をする人

使用例　あこの、あねこぁ、〝えふり—こぎ〟、でしゃ。

訳例　あそこの娘はいい恰好しいでね～

【えんじ】

語源／意味　／少し気になる、ちょっとしっくりこない＝えずいに同じ

使用例　なんぼ、〝えんじ〟、たて、あまり、まなぐ、こぐねぇんだ、ほら、あがぐ、なてらよ。

訳例　気になっても、あまり目をこすらない方がいいよ、赤くなっているよ。

【えんちこ】

語源／意味　／赤ちゃんを入れる容器・器具

使用例　あがぼ泣いだら、〝えんちこ〟、ゆつがしてけれな。

訳例　赤ちゃんが泣いたら〝えんちこ〟動かしてね。

【えんちこてぇ】

語源／意味　／こそばゆい、しっくりこない

使用例　着慣れねぇ、背広ぁ、〝えんちこてぇ〟、でぇ。

訳例　着慣れない背広がしっくりこない。

【えんてず（じ）】

語源／意味　／恰好、風体

使用例　あい、の、〝えんてず〟、まんず、見でみろ、でばや～

訳例　あの恰好、まず見てごらんよ

【えんぷてぇ】

語源／意味　／目に沁みるほど煙たい様子

使用例　爺さまの、たばご煙ぃ、〝えんぷてぇ〟、な～

訳例　爺さんのたばこの煙が煙たい。

お

【おいる】

語源　生える　／生える

使用例　やっと、見だば、平《ひら》さ、一帯に太い、ボナァ、だ、**〝おいでらぁ〟**、のやぁ。

訳例　ふと見たら、一面に太いボンナが生えていたんだ。

【おおまぐれぇ】

語源／意味　／大食い

使用例　あれだけ、なり、だば、小《ち》せども、**〝おおまぐれぇ〟**、で～

訳例　あれは、背は低いけど大喰らいだよ。

【おが】

語源／意味　／御母、お母さん

使用例　**〝おが〟**、学級費、持てがねば、ねで。

訳例　母さん学級費持って行かないといけない。

【おがぁ】

語源／意味　／一杯

使用例　こんたにだばぁ、**〝おがぁ〟**、だでぇ、だぁれ。

訳例　こんなには、多すぎるよ、ほんとに。

【おがくそ】

語源／意味　／陸糞：便器の縁の糞

使用例　あんこ、**〝おがくそ〟**、のっこり、やて、けずがった。

訳例　兄息子、便器の外に一杯ウンコしてくれた。

【おがしゃべり】

語源／意味　／悪意を少し込めた多弁、饒舌な人

使用例　あの婆、だっけ、**〝おがしゃべり〟**、だにかて、なんだり、しゃべらいねぇ、え。

訳例　あの婆さんはおしゃべりだから、いろいろ教えられないよ。

【おがしこ】

語源／意味　お菓子／お菓子：愛嬌を込めてコ

使用例　あんまり、めごい、たいに、あんこサ、**〝おがしコ〟**、けてぐ、なたな～

訳例　兄息子があんまり可愛いから御菓子をあげたくなった。

【おがしこてぇ】
語源／意味　／可笑しい　変だ
使用例　本にがぁ、そいだば、〝**おがしこてぇ**〟、話だな。
訳例　本当にか、それは変てこな話だなぁ。

【おがる】
語源／意味　／大きくなる。成長する
使用例　まま、えぺ、食《く》て、早ぐ、〝**おがれ**〟、な～
訳例　ご飯を一杯食べて、大きくなるんだよ。

【おがぁわ】
語源／意味　／持ち運びの便器
使用例　おんば、オシッコ出るど、りぇんで、して、〝**おがぁわ**〟、置いで、来てけぇろ。
訳例　おんば様がオシッコ出るそうだから、急いでオマル置いてきて頂戴。

【おっける】
語源／意味　／転ぶ
使用例　あわくて、歩《あり》て、〝**おける**〟、なよ～
訳例　急いで、出歩いて、転ぶなよ～

【おごらみ】
語源／意味　／威厳
使用例　なんぼ、装束つけでも、あいだば、ヘラヘラ、って、まるんで、〝**おごらみ**〟、ねぇおな。
訳例　いくら正装してもあいつはヘラヘラして、まるっきり威厳がないな。

【おじげぇ】
語源／意味　御使い／お知らせ、案内、招待
使用例　オレさも、来てけれって、〝**おじげぇ**〟、もらたおだ。
訳例　俺にも来てほしいって、お知らせをもらったんだ。

【お（っ）たず】
語源／意味　／疲れる
使用例　休み休み、やるだ、〝**おたず**〟、んでぇ～
訳例　休みながらやるんだ、疲れるよ。

【おたでる】
語源／意味　／疲れさせる
使用例　がぁ、さばり、めに、あへでぇ、〝**おたでで**〟、しまて、もさげねがったな～
訳例　あんたにだけ、頑張らせて、疲れさせてしまって悪かったね。

【おちょる】
語源／意味　／折る
使用例　珍《めじら》し、花コだど思て、一枝《ふとえだ》、〝**おちょって**〟、来てけた。
訳例　珍しい花だと思って一枝折ってきてあげた。

【おつける】
語源／意味　／（背を）押す
使用例　そっちゃ、回《まわ》て、おいの、ほサ、〝**おつけで**〟、けろ。
訳例　そっちに回って、俺の方に押してくれ。

【おっか】
語源／意味　／一杯、たくさん、多い
使用例　あのぶっこ、もらたて、そんたに、礼すってが、そいだば、〝**おっか**〟、でねぇが。
訳例　ほんの少し貰っただけなのに、そんなにお返しするのか、それは多いんじゃないか。

【おっける】
語源／意味　／転ぶ
使用例　あまり、せぇで、〝**おっけな**〟、よ～
訳例　あんまり急いで、転ぶんじゃないよ～

【おっきがだ】
語源／意味　／大きな屋敷構えの旧家
使用例　あの姉さんの、家《え》、は、〝**おっきがだ**〟、だ。
訳例　あのねぇさんの家は旧家だ。

【おったった】
語源／意味　／疲れた
使用例　めめ、かげだんす、〝**おったった**〟、すべ～
訳例　御苦労をかけました。お疲れになったでしょう。

【おっぱ】
語源／意味　尾端／尻尾
使用例　犬だぁ、よろごんで、〝**おっぱ**〟、ふてら、けど。
訳例　犬たちが喜んで尻尾振っていたそうだ。

【おでぇれ】
語源／意味　御出あれ／来てください
使用例　皆で、〝**おでぇれ**〟。
訳例　皆で来てね。

【おでぇる】
語源　御出ある　／来て下さる
使用例　へば、その日に、嫁っこど、家《え》のふとぁだ、〝**おでぇる**〟、どや。

訳例　そうすれば、その日に、嫁さんと家の人が、お見えになるそうだ。

【おでぇび】

語源／意味　／額、おでこ

使用例　なんぼが、かっぽいだ、もんだだが、〝おでぇび〟、さ、まま、付けだまんま、来たどごで、皆にかて、笑らいでしゃ。

訳例　いくらあわてて食べたんだか、額にご飯ツブを付けて来て、皆に笑われたんだって。

【おどがる】

語源／意味　／目を覚ます

使用例　だい、も、起《おご》さねぇ、ても、一人《ふとり》コ、〝おどがた〟、おだ。

訳例　誰も起こさなくても、一人で目覚めたんだ。

【おどがす】

語源／意味　／目を覚まさせる

使用例　起きねばぁ、なねんでぇ、そろそろ、〝おどがす〟、んだ、学校《がっこ》だでぇ。

訳例　起きないといけないんだから、そろそろ、起こすんだ。

【おど】

語源／意味　御父／父さん

使用例　〝おど〟、まま、だど。

訳例　父さん、ご飯だって。

【おどげぇ】

語源／意味　頤（おとがい）／のどもと

使用例　〝おどげぇ〟、さ、飯《まま》つでら。

訳例　喉元にご飯がついている。

【おどげる】

語源／意味　／愛嬌をふりまく、浮かれる

使用例　あまり、〝おどげる〟、もで、ねぇんだ。

訳例　あまり、浮かれているんじゃないよ。

【おどでな】

語源／意味　／一昨日

使用例　きなさま、ど、〝おどでな〟、えって、来た。

訳例　昨日の朝と、一昨日行ってきた。

【おぼこ】

語源／意味　／子供、幼い

使用例　年ばり取ったたて、まだ、〝おぼこ〟、だおんな。

訳例　年はいっても、まだ子供だもんな。

【おぼこなし】

語源／意味　／妊婦

使用例　あれどぁ、〝おぼこなし〟、だんだ！

訳例　あの人たちは妊婦さんだよ。

【おぼる】

語源／意味　／背負う

使用例　妹《いもと》、どご、〝おぼて〟、学校《がっこ》サ、行った、のっしぇ、皆かしぇでるたいに、仕方《しかだ》ねがたのや。

訳例　妹をおんぶして学校に行ったの。皆働いているから、仕方なかったんだ。

【おめぇりせん】

語源／意味　お参り銭／賽銭

使用例　あい！しくた！、〝おめぇりせん〟、忘《わす》いだ、でぇ。

訳例　あ！、しまった、賽銭を忘れた。

【おめぇど】

語源／意味　お前達／お前達

使用例　〝おめど〟、サ、これ、けるど。

訳例　お前たちにこれをあげるって。

【おやがだ】

語源／意味　親方／兄貴、長男

使用例　あれぇ、なりぃ、けねぇ、ども、〝おやがだ〟、だずおん。

訳例　あいつは体は小さいけど、親方だそうだもの。

【おらえ】

語源／意味　俺家／我が家、俺んち

使用例　えんだ、えだ、〝おらえ〟、サ、寄《よ》てけれぇ。

訳例　いいから、いいから、俺の家に寄ってくれ。

【おんじ】

語源／意味　／①弟、二男、②曽祖父

使用例　①②　〝おんじ〟、どご、呼ばてけれ～

訳例　弟（曽祖父）を呼んできてくれ～

【おんじぇ】

語源／意味　御世話／一生懸命のお世話、手伝い

使用例　おっきぐ、なれって、おんじも、おんばも、いっぺ、〝おんじぇ〟、した、びょん。

訳例　大きくなれって、曽お爺さんも、曽お婆さんも一杯お世話したもの。

か

【がぁ／がぁど】

語源／意味　／おまえ　お前達

使用例　〝がぁ〟、も、わんじがぁでも、助《しけ》ぇねぇば、なねぇでぇ。

訳例　お前も少し手伝わないといけないよ。

【…かいだ】

語源／意味　／…だそうだ

使用例　まんちなぁ、手前ぇの、用《よ》コ、足したば、ぐれぐれ、ど、行ったおだ、〝かえだ〟。

訳例　そうだな、自分の用事が済んだら、とっとと帰ったんだそうだ。

【かぅえ】

語源／意味　／恥ずかしい

使用例　そいだば、俺《おらぁ》、わんつか、〝かぅえ〟、なぁ。

訳例　それだと、俺、少し恥ずかしいな～

【がかもか】

語源／意味　／ガタガタとスムーズでない音の形容

使用例　しじがっコ、に、戸ッコ、たでる、気なた、ども、戸ぁ、えげてぇぐなて、〝がかもか〟、ど、やがましぃ、ねっけ。

訳例　静かに戸を閉めようとしたけど、戸が古くて、ガタガタとうるさいんだっけ。

【かがる】

語源／意味　／叱る

使用例　あまり、〝かがる〟なよ。

訳例　あまり、叱るなよ。

【かがらいる】

語源／意味　／叱られる

使用例　この、じゃま、で、戻れば、婆に、かて、〝かがらいる〟、だでぇ。

訳例　この姿で帰れば、婆さんに叱られるよ。

【かぐじ】

語源／意味　垣根内／裏庭

使用例　んにゃ、たまげだ、ごど、〝かぐじ〟見だけぇ、クマ、いだっけぇでぇ！

訳例　いやぁ～驚いた、家の裏を見たら、クマがいたんだ。

【かしぇぐ】

語源／意味　稼ぐ／働く、仕事をする

使用例　ずるぐ、してねぇんで、がぁも、頑張って、〝かしぇぐ〟、んだ。

訳例　ずるくしていないで、お前も働くんだ。

【かじぇる】

語源／意味　数える／数える

使用例　まっこ、なんぼ、〝かじぇ〟、でも、おっか、なねでぇ。

訳例　お年玉を、何回数えても増えはしないよ。

【かさくら／かさふた】

語源／意味　／傷の治りかけのカサ＝かさふた

使用例　えっとごまに、その、〝かさくら〟、だば、取《と》いる、びょん。

訳例　すぐに、その、カサは取れると思うよ。

【かしがる／かしげる】

語源／意味　／傾く

使用例　さっと、押したば、桶ぇ、〝かしがて〟、どわり、ぶまがた、おだけっど。

訳例　ちょっと押したら、桶が傾いて、どわっと、こぼれたんだって。

【がしばる】

語源／意味　／怒鳴る、場に不似合いな大声

使用例　朝間っ、から、いぎつけで、〝がしばねぇ〟、たて、いおんた、もだどもな。

訳例　朝から、大声をあげなくても、いいと思うけどな。

【がじょ】

語源／意味　／不意に踏みつけた様

使用例　〝がじょ〟、ど、犬の糞踏んでしまたどや。

訳例　力いっぱい、犬の糞を踏んでしまったんだって。

【がじょがじょ】

語源／意味　／故意に連続して力強く踏みつける様

使用例　〝がじょがじょ〟、ど、踏んずげで、けだのや。

訳例　何度も、思い切り踏んでやったんだ。

【かしぎ】

語源／意味　炊き／食事当番

使用例　今日の、〝かしぎぁ〟、誰だべ。

訳例　今日の食事当番は誰だっけ。

【かだごど】
語源／意味　／かたくな、頑固、まじめ
使用例　あれだっけ、〝**かだごど**〟、だにかてな…
訳例　あの人は生真面目だからな…

【かだる】
語源／意味　／①（仲間に）入る、一緒になる。②淡々と意見を述べる。
使用例　①おいも、〝**かだる**〟でぇ。おいも、〝**かでろ**〟でば。
②あれにかてぇ、〝**かだらいだ**〟、でぇ。
訳例　①俺もやる、俺にもやらせろってば。
②あいつに、こんこんといわれてしまったよ。

【かだた】
語源／意味　／（仲間に）入った
使用例　あいも、〝**かだた**〟、おだど、や。
訳例　あいつも仲間に入ったんだって。

【かだひこ】
語源／意味　／片側＝片方
使用例　あや～、たんたコ、〝**かだひこ**〟、ねぇな～、どごさ、えったもだだがな～。
訳例　ありゃ～、靴下が片方ないな、どこにいったのかな～

【かだふた】
語源／意味　／片方＝片側
使用例　手袋、〝**かだふた**〟、どごさ、やたが、知らねぇがな～
訳例　片方の手袋どこにいったが知らないかな～

【かだちがだち】
語源／意味　／片方づつ
使用例　アワ食って、逃げぇだかいで、気ぃちぃだば、ゲダど、サダルど、〝**かだちがだち**〟、へぇで、らっけ、どや。
訳例　慌てて逃げたようで、気が付いたら、下駄とサンダルを片方ずつ、履いていたんだそうだ。

【かっかます】
語源／意味　／かきまわす
使用例　中《なが》で、まじゃるいに、ようぐ、〝**かっかます**〟、んでぇ。
訳例　良く混じるように、しっかりかき混ぜるんだよ。

【かっちゃま（けっちゃま）】

語源／意味　／裏返し、ひっくり返った

使用例　そのシャツ、〝**かっちゃま**〟、でねぇが?ちゃんと、見るんだ、笑らいるんでぇ。

訳例　そのシャツ裏返しでないか?ちゃんと見るんだ、笑われるんだよ。

【かっちゃぐ】

語源／意味　／ひっかぐ

使用例　こだつの中で、ネゴにかて、足、〝**かっちゃがいだ**〟、でぇ。

訳例　コタツの中で猫に足を引っかかれた。

【かっつぐ】

語源／意味　／追いつく

使用例　今からけっぱれば、そごらで、けなぐ、〝**かっつぐ**〟、びょん。

訳例　今から頑張れば、その辺で簡単に追いつくと思うよ。

【かっぱり】

語源／意味　河童取り／靴の中に水が入ること

使用例　学校の帰《けぇ》り、川サ寄て、〝**かっぱり**〟、とた、のだど。

訳例　学校の帰り、川に寄って靴を汚したんだって。

【がっぱり】

語源／意味　／意気投合すること

使用例　山コサ、行くてば、あれど、〝**がっぱり**〟、だおな～

訳例　山に行くことになれば、あいつらは気が合うものな～

【かっきでもねぇ～】

語源／意味　／一杯、とんでもないくらいの量

使用例　メダゲェ、しぇ、〝**かっきでもねぇ**〟、ぐれぇ、あだった、のや。

訳例　マイタケが、とんでもないくらいあったのさ。

【かっぽぐ】

語源／意味　／急いで食べる

使用例　〝**かっぽがね**〟、でゆっくり、かじて、食うんだ。

訳例　急がないで、ゆっくりかんで食べるんだ。

【かっとす】

語源／意味　／追い越す

使用例　えっとごまに、〝**かっとして**〟、けらぁ!

訳例　すぐに、追い越してやるから！

【かっち】

語源／意味　／奥、上流

使用例　がだぁ、しぇ、〝**かっち**〟、の方がら、見で来て、けぇろ。

訳例　お前たちは、上流の方から見てきてくれ。

【がちゃめぎ】

語源／意味　／①にぎやかな（多弁）②水浸し

使用例　①あのめらし、〝**がっゃめぎ**〟、だおんな。
②雨上がり、だたいに、街道《けんど》ぁ、〝**がちゃめぎ**〟、でしぇ。

訳例　①あの娘、おしゃべりだもんな。
②雨上がりだから、道路はビチャビチャだったよ。

【かでぇろ】

語源／意味　／（仲間に）入れろ

使用例　おいどご、も、〝**かでぇろ**〟、でぇ。

訳例　俺も、仲間にいれてくれ。

【かでる】

語源／意味　／仲間に入れる

使用例　あの、なげっちも、〝**かでる**〟、ってが！

訳例　あの、泣き虫も仲間に入れるのか！

【かでもの】

語源／意味　／副食、おかず

使用例　ちゃんと、〝**かでもの**〟、ど、てんご、に、食うもんだんだ。

訳例　しっかり、おかずと一緒に食べるもんだよ。

【かどこ】

語源／意味　／家の前を流れる生活用の小水路

使用例　あれぇんど、来る、えんた、がら、〝**かどこ**〟、さ、スイカ、へでぇ、おいで、けろ、どや。

訳例　あの人方が来るみたいだから、〝かどこ〟にスイカを冷やしておいてくれってよ。

【かねほり】

語源／意味　／鉱山で働く人

使用例　あれぇ若げぇ頃がら、〝**かねほり**〟、だぞぉん。

訳例　あの人は、若いころから鉱山で働いたのだそうだ。

【かぶだ】

語源／意味　／株、ひとかたまり

使用例　メェダゲの、大きた、〝**かぶだぁ**〟、三つも四つもあったのしぇ～

訳例　マイタケの大きな株が三つも四つもあったんだ〜

【がふ―がふ】

語源／意味　／噛まずに飲み込む様子

使用例　なんぼが、腹へってらおだが、“**がふがふ**”、ど、えっとごま、に、食てしまた、どや。たまげだ、もだな。

訳例　どれくらい腹がすいていたのか、呑みこむよにして、あっという間に食べてしまったのだそうだ。びっくりしたな。

【がふら―がふら】

語源／意味　／サイズが合わず大きい様

使用例　婆、がら、長靴《ながぐつ》、買てもらたども、“**がふらがふら**”、て、歩がいねぇって、ごんぼほって、らっけぇ、すんぐ大きぐ、なるたいに、大《お》きの、買ったおだかいだ。

訳例　婆さんから長靴を買ってもらったけど、大きくて歩かれないって文句を言ってた。すぐ大きくなるから、大きいのを買ったんだって。

【がふたら】

語源／意味　／サイズが合わず大きい様

使用例　婆、がら、買ってもらった、長くづ、しぇ、“**がふたら**”、で、歩がいねぇで。

訳例　婆さんから長靴を買ってもらったけど、大きくて歩かれないよ。

【かぷける】

語源／意味　／カビが生える

使用例　もってねぇなぁ、羊羹《ようがん》、しまてらっけ、“**かぷけ**”、で、しまたでぇ〜

訳例　もったいない、羊羹をしまっていたら、かびてしまった。

【かまど―けぇし】

語源／意味　竈返し／破産（する）

使用例　若ぇ頃、酒ばり、くて、“**かまどけぇし**”やたのだど。

訳例　若い頃、酒のみで破産したんだそうだ。

【かまり】

語源／意味　／臭い（悪臭）

使用例　これぇ、屁、“**かまり**”、だが?〜、がぁ、やたべぇ。

訳例　これは屁の臭いか?お前がしたのか。

【かやぎ】

語源／意味　貝焼き／醤油仕立ての鍋料理

使用例　親婆《ばば》、こしぇる、〝**かやぎ**〟、美味《めぇ〜》くて、皆かだて、大なべ、空なるまで、食た、もだ。

訳例　母親の作る、〝かやぎ〟、が美味しくて、皆で大鍋が空になるまで食べたもんだ。

【からぽねやみ】

語源／意味　空骨病／なまけもの、骨惜しみ

使用例　あれぇしぇ、口はいいども、〝**からぽねやみ**〟、でしぇ〜。

訳例　あいつは、いいことを言うけど、なまけものだよ〜

【からこしゃぐ】

語源／意味　空講釈／余計な世話

使用例　てぇめで、やるもさねぇで、〝**からこしゃぐ**〟、ばり、たげで、うしゃらしぐねぇでぇ。

訳例　自分でやらないのに、理屈ばかり言って、腹が立つんだ！

【からくじ】

語源／意味　辛口／生意気、

使用例　先輩サ、〝**からくじ**〟、きがねぇんだ。

訳例　先輩に、生意気なことを言うもんじゃないよ。

【からしぇわ】

語源／意味　空世話／余計な世話

使用例　ふとぁ、せっかぐ、おしぇで、やたのさ、〝**からしぇわ**〟、だて、文句、つけで、けずかった、おん。

訳例　自分がせっかく教えてあげたのに、余計な世話だって文句をつけやがったんだ。

【からじほ】

語源／意味　／生意気な嘘

使用例　ええ、話しだでぇ、〝**からじふぉ**〟、ばり、たげぇねぇんだ。

訳例　いいかげんにしろよ、嘘ばっかりついているじゃないよ。

【がらっと】

語源／意味　／並べ、揃える。

使用例　まっこ、けろが、ど、思って、戸あげだっけ、まごんどぁ、〝**がらっと**〟、並んでら、のや。

訳例　お年玉をあげようと思って、戸を開けたら、孫たちが並んで座っていたんだ。

【からもぎ／からもぐ】

語源／意味　／寝相が悪い

使用例　あの童ぁ、〝**からもぐ**〟たいに、ちゃんと見でけるんでぇ。

訳例　あの子は寝相が悪いから、見てあげるんだよ。

【がんく】

語源／意味　雁首／頭

使用例　がぁだぁ、そろって、〝**がんく**〟、並べで何やてらんだが。

訳例　お前達、そろって何をやっているんだか。

【がんくら】

語源／意味　／①悪い頭　②でこぼこ

使用例　①あの、〝**がんくら**〟だば、無理、だびょん。
②畑の道《みじ》ぃ、〝**がんくら**〟、だどごでぇ、馬車がら、とっころげった、のしぇ。

訳例　①あいつの、頭では無理だと思うよ。
②畑の道がでこぼこで、馬車から転がり落ちてしまったんだ。

【がんけ】

語源／意味　崖／ガケ

使用例　つっかげ、登れば、〝**がんけ**〟、だだいにしぇ、めっちぇ、のどぁ、まなぐ、はなさいねぇんでぇ。

訳例　前の坂を上ると崖だから、子供たちから、目は離せないよ。

【がんじゃねぇー】

語源／意味　／幼くて聞き分けがない

使用例　〝**がんじゃねぇ**〟、童だな。誰《だい》さ、にだ、もだだがな。

訳例　聞き分けのない子だな、誰に似たんだろうね。

【がんス】

語源／意味　／…でしょうか（敬語）

使用例　いっつも、ありがど、〝**がんス**〟。

訳例　いつもありがとうございます。

【かんたらゆび】

語源／意味　／小指

使用例　〝**かんたらゆびコ**〟、さっと、切てしまて…

訳例　小指を、ちょっと切ってしまって…

【かんつける】

語源／意味　／…のせいにする、疑う

使用例　おいサ、〝**かんつける**〟、ってがぁ。
訳例　おれのせいにするってか〜

【**がんばな／がんばる**】

語源／意味　／頑張るな、我を張るな
使用例　たった、ふとりコ、で、そんたに〝**がんばな**〟、どゃ。
訳例　たった一人で頑張るなってよ。

【**がんばらいだ**】

語源／意味　／①無理をさせた、頑張ってもらった。②強情を張られた。
使用例　①あいに、〝**がんばらいだ**〟、どごでぇ、早ぐしまた、おだ。
②あれぇしぇ、たいした物わがり、いいやず、だど、思ってらっけ、爺さ、似ねぇで、〝**がんばらいだ**〟、っけおんな。
訳例　①あいつが頑張ったから、早く終わったのだ。
②あいつは、とっても物わかりのいい奴だと思っていたのに、爺さんには似ないで、意地を張られたんだ。

【**かんぷけたがり**】

語源／意味　／相手を小馬鹿にする表現
使用例　あの、〝**かんぷげたがり**〟、にかて、困ったもんだ。
訳例　あの、馬鹿者には、困ったもんだ。

【**かんぼし**】

語源／意味　／寒干し寒に晒して水分を抜いた大根など保存食。祭堂能衆の立小便の隠語
使用例　寒《かん》サへったら、のぎさ、デェゴ、並べで、〝**かぼし**〟、作ったのや。
訳例　寒に入ったら、軒に大根を並べて、寒干しを作ったのさ。

き

【**きぃる**】

語源／意味　切れる／切れる、切れ味のよい
使用例　こいだば、〝**きぃる**〟、んだ。ぎなぎな、ど、光てらべぇ。

訳例　これは切れるんだ、ギラギラ光ってるだろ。

【ぎがぎが】

語源／意味　／刃物が怪しく輝く様子、切れる刃物の形容

使用例　鍛冶屋で砥いでもらたけ、〝ぎがぎが〟、ど、切いぇる、えん、たっけ。へでも、一回二千円も取るんだど。

訳例　鍛冶屋で研いでもらったら、ギラギラと切れそうだっけ。でも、一回二千円もかかるんだって。

【きか（ん）じ】

語源／意味　／①乱暴者　②難聴者

使用例　①あの童、ながながの、〝きかじ〟、だっけ。

②あれぇしぇな、耳、〝きかんじ〟、だおんだぁ。

訳例　①あの子は、なかなかのきかん坊だった。

②あいつは難聴者なんだ。

【きぐわだ】

語源／意味　／白子

使用例　タラ汁の、〝きぐわだ〟、好ぎだおんな〜

訳例　タラ汁の、白子好きだもんな〜

【きごぱね】

語源／意味　／暴れん坊、素直でない

使用例　昔から、〝きごぱね〟童だっけおん。

訳例　子供の頃から、暴れん坊だったなぁ。

【きたし】

語源／意味　／漬物樽の上汁に浮く泡状のもの。

使用例　いづの、でぇご、だが、フタ取ったば、〝きたし〟、かがてらっけ、おんな〜

訳例　いつの大根何だか、ふたを開けたら上澄みを泡が覆っていたものな。

【きたっと】

語源／意味　／ぴったりとはまること。

使用例　あしぇだいに、しぇ、〝きたっと〟、はまた、びょん。

訳例　あつらえたように、ピッタリはまったようだ。

【きたぎる】

語源／意味　／勢いよく切る

使用例　かぐじ、のヤブ、ぜんぶ、〝きたぐて〟、けれぇ

訳例　家の裏の、ヤブをみんな切り払ってくれ。

【ぎちゃぎちゃ（ど）】

語源／意味　／ずたずたに刺し壊す

使用例　うずげで、はねまて、戸さ、ぶつかて、けぇなさ、

ガラス、〝**ぎちゃぎちゃ**〟、ど、刺さたおんだど。
訳例　ふざけてあばれて、戸にぶつかって腕にガラスが一杯突き刺さったんだって。

【ぎちょがちょ（ど）】
語源／意味　／（身体）小刻みにぎこちなく動くさま
使用例　隣の爺様、あだたおだ、かいで、そいでも、杖ちぃで、〝**ぎちょがちょ**〟、ど、歩《あり》てらっけ。
訳例　隣の爺さん脳梗塞だったようで、それでも杖を突いて小刻みに歩いていたっけ。

【ぎちょぎちょ（ど）】
語源／意味　／①ジグザグに曲がる様子　②油でヌルヌル滑る様子
使用例　①薬師、の手前《てめ》ぇしぇ、道ぁ、〝**ぎちょぎちょ**〟ど、曲がてるんだよ。
②クマ肉《にぐ》ちょしたば、油でハ、手ェ、〝**ぎちょぎちょ**〟、ど、なてしまた、のっし。
訳例　①薬師山の手前は、道がジグザグなんだよ。
②油で手が、ぎちょぎちょ、になってしまったんです。

【きっちゃさる】
語源／意味　／①勢いよく突き刺さった　②人の話にはまってくる。
使用例　①古釘ぁ、靴サ〝**きっちゃさった**〟のしぇ
②人の話、何さでも、〝**きっちゃさ**〟ねんだ
訳例　①古釘が靴にグサッと刺さったのさ。
②関係ない話にはまってこないんだ。

【ぎったんばっこ】
語源／意味　／座りシーソー
使用例　来ねぇ、ど、思《おも》たば、幼稚園の、〝**ぎったんばっこ**〟、で、遊んでらっけど。
訳例　来ないと思ったら、幼稚園のシーソーで遊んでいたんだって。

【きっちゃす】
語源／意味　／勢いよく突き刺す
使用例　その先コ、そごサ、〝**きっちゃし**〟、てけろ。
訳例　その道具の先を、そこに、突き刺してくれ。

【ぎっちゃり】
語源／意味　／深く、しっかり突き刺さる形容
使用例　古釘、靴サ、〝**ぎっちゃり**〟、刺さったのしぇ。

訳例　古釘を足にグサッと刺したのさ。

【ぎっぱ（ど）】

語源／意味　／丁度、きっぱり

使用例　残ごさねぇえに、〝きっぱど〟、分げる、もんだんだ。

訳例　残らないように、きっぱり分けるもんだよ。

【きどごね】

語源／意味　着床寝／うたた寝

使用例　〝きどごね〟、してねぇで、ちゃんと布団サ、へぇるんだ。

訳例　そんな所で寝てないで、布団に入って寝るんだ。

【きな】

語源／意味　昨日／昨日

使用例　〝きな〟、さま（朝マ）も、雨ふり、だっけ、おん。

訳例　昨日、の朝も、雨降りだったもの。

【ぎなぎな】

語源／意味　／ぎらぎらと刃物が光る形容

使用例　爺さま研いだナガサしぇ、まんだ、〝ぎなぎな〟、ど光ってれぇ。

訳例　爺さまが研いだ山刀《ながさ》がね、まだギラギラと光って切れるよ。

【木のまっか】

語源／意味　木の又／幹や枝の分岐の部分

使用例　この縄、〝木のまっか〟、サ、突《つ》としてけれ！

訳例　この縄を、木の又に通してくれ！

【きぱじ】

語源／意味　木端／（木の）切れっ端、木片、布片、紙片

使用例　どだりこだりでも、きめサ、〝きぱじ〟、あでがて、けれェ。

訳例　どんな方法でもいいから、隙間に、木片を当ててくれぇ。

【きぱしい／こぱしぃ】

語源／意味　／木端／噛みにくい堅い食べ物の形容

使用例　このトンビ、年寄《としょ》て、さっと、〝きっぱしぃ〟、おん。

訳例　このトンビマイタケ成長しすぎて、少し硬いもんな。

【きもやげる】

語源／意味　胆焼ける／腹が立つ

使用例　あれしぇ、もちゃめでるにかて、〝きもやげる〟

ンだよ。

訳例　あいつは、動作がもたつくから、腹が立つんだよ。

【きめ】

語源／意味　木目／隙間

使用例　〝**きめ**〟、サ、したっと、あでがてけれでぇ。

訳例　隙間に、ピタッとあてててくれよ。

【ぎやぎや】

語源／意味　／差し込むような痛み

使用例　医者サ、ジャンゴ婆《ババ》だぁ、〝**ぎやぎや**〟、ど、痛《いで》ぇて言《へ》ったたて、意味わがる、べがや。

訳例　医者に、〝**ぎやぎや**〟、痛いって言ったって、意味が分かるだろうか。

【ぎやねぇ】

語源／意味　／寂しい、物足りない

使用例　いゃ〜、一人コなたけぁ、こみっと、〝**ぎやねぇ**〟、もだな。

訳例　一人になったら、つくずく寂しいもんだな。

く

【くえる】

語源／意味　／閉じる、塞ぐ

使用例　その穴コ、びんと、〝**くえで**〟、けろ、って、へってらっけぇ。

訳例　その穴、きつく塞いでくれって、言ってたよ。

【ぐぐど】

語源／意味　／早く、急いで

使用例　なにやてらもだだが、〝**ぐぐど**〟、来いでばぁ。

訳例　何をしているんだ、早く、来いよ〜

【ぐぐ—ちゃちゃ（ど）】

語源／意味　／更に急いでと怒気を含めてせかす表現、ぐぐ（ど）＋ちゃっちゃ（ど）造語

使用例　いづまでも待だへでねで、〝**ぐぐ—ちゃちゃ**〟、ど、来るんだでぇ。

訳例　いつまでも待たせていないで、早く来るもんだよ。

【くされたがり】

語源／意味　／相手を馬鹿にする表現くされもの（貧乏たかり）造語

使用例　あんの、〝**くされたがり**〟、にかて、困ったもだ。

訳例　あの、馬鹿野郎には、困ったもんだ。

【くそこもり】

語源／意味　／相手をののしることば　くそ＋かたまり造語

使用例　この、〝**くそこもり**〟！

訳例　この馬鹿もの！

【くそへビ】

語源／意味　糞へビ／マムシ

使用例　めぇだげ、さ、やっと手ェ伸ばしたば、〝**くそへび**〟、根のどごサ、いだのや。

訳例　マイタケにどれどれと手を伸ばしたら、マムシが根のところにいたんだよ。

【くっちゃべる】

語源／意味　／無駄口

使用例　いづまでも〝**くっちゃべって**〟、ねで、行ぐだ、は。

訳例　いつまでも、無駄口いってないで、もう行くんだ。

【くっちゃべな】

語源／意味　／無駄口をきくな

使用例　しっ！いづまでも、〝**くっゃべな**〟！

訳例　しっ！いつまでも、無駄口きいているな！

【くど】

語源／意味　／かまど

使用例　その、じゃっぱど、〝**くど**〟、サ、くべで、けれでぇ、ど。

訳例　その板切れをカマドに入れてちょうだいってよ。

【くに―す】

語源／意味　苦にする／悩む

使用例　がぁばりして、そんたに、〝**苦に**〟、さねてぇも、いいおで、ねぇが。

訳例　お前だけで、そんなに悩まなくてもいいんじゃないか。

【くびかがり】

語源／意味　／首つり状態

使用例　ちょんど、くぴた、の、どごサ、枝コ、あってしぇ、あぶなぐ、〝**くびかがり**〟、するどごだっけ、でぇ。

訳例　丁度、頸のところに枝があってね、もう少しで首つりになるところだった。

【くぴた】
語源／意味　首太／首
使用例　〝くぴた〟、さ、たもずがれ！
訳例　首に、つかまれ！

【くぴこ】
語源／意味　首／首
使用例　なんだが、〝くぴこ〟、寒みぃ、たらだなぁ。
訳例　なんだか、首が寒そうだな。

【くべる】
語源／意味　／焚く、炉に薪を入れる
使用例　へっちさ、薪《まぎ》、〝くべで〟、けろ。
訳例　カマドに、薪を入れてくれ。

【くまる】
語源／意味　絡まる／紐などが絡まる
使用例　始末す気なて、紐コ、ちょしてらっけ、〝くまて〟、しまった。
訳例　始末しようと思って紐をいじっていたら、こんがらかってしまった。

【ぐれぐれど】
語源／意味　／早く、急いで
使用例　もっちやめでねぇで、〝ぐれぐれど〟、行ぐんだ
訳例　もたもたしてないで、早く、行きなさい。

【くわる】
語源／意味　／閉じた、塞がった
使用例　足サ、釘、ぎっちゃり、刺さったおんだっけ、傷ぁ、〝くわった〟、えんた。
訳例　足に釘を刺したんだけど、傷は塞がったようだ。

【くるまる】
語源／意味　／巻きつける、保護する
使用例　寒がたべぇ、ほれっ、こいサ、〝くるまれ〟！
訳例　寒かったでしょう、さあ、これをかけて。

【くらしま】
語源／意味　暗隅／暗い端っこ、隅
使用例　そんたら、〝くらしま〟、さ、いねぇんだ。
訳例　そんな、暗い隅っこに、いないで。

【くれぇ】
語源／意味　／①言い争い、②暗い
使用例　①あんまり腹くそ悪りぃくて、あいど、〝くれぇ〟、

したのしぇ。

訳例　①あんまり腹が立って、あいつと、言い争いをしたんだ。

【ぐれぐれ（ど）】

語源／意味　／とっとと、急いで

使用例　ごっつぉさん、ず、事《ごど》もねぇ、御飯《まま》ご馳走《っちょ》なたば、〝**ぐれぐれ**〟、ど、まがなて、行《え》ったえったのや。

訳例　御馳走さまという事もなく、ご飯を御馳走になったら、急いで準備をして行ったんだ。

【ぐれっと】

語源／意味　／未練なく背を向ける

使用例　誰《だい》さも、何も言《へ》ねで、、〝**ぐれっと**〟、行ってしまったのしゃ。

訳例　誰にも、何も言わないで、背を向けて行ってしまったんだ。

【ぐんじらがんじら】

語源／意味　／いつまでも未練がましく、ぐずぐずしている様

使用例　とっとど詫びればいいもの、〝**ぐんじらがんじら**〟、ど、やてらおだ。

訳例　さっさと謝ればいいものを、ああでもない、こうでもないとやっていたんだ。

け

【けぇ】

語源／意味　食え／食べれぇ、食べて

使用例　これ、〝**けぇ**〟、これ、〝**けぇ、けぇ**〟。

訳例　これ、食べろ。食べろ、食べろ。

【げぇがじ】

語源／意味　／飢饉

使用例　昔、米ぇ、三年も四年も取いねくて、〝**けがじぇ**〟、なたけど。

訳例　昔、米が三年も四年も取れなくて、飢饉になったそうだ。

【げぇぐり】

語源／意味　／廻り

使用例　家の、〝**げぇぐり**〟、探してみだりが。

訳例　家の周り、探してみたら。

【げぇじぎ】

語源／意味　かんじき／輪かんじき

使用例　雪深ぇがら、〝げぇじぎ〟、履がねば抜がるんで。

訳例　雪が深いから、かんじきを履かないと抜かるよ。

【けぇす】

語源／意味　返す／（ひっくり）返す

使用例　手コで、ちゃんと、しめで、〝けぇす〟、なよ！

訳例　手で、しっかり捕まえて、ひっくり返すなよ。

【げぇだが】

語源／意味　／毛虫

使用例　〝げぇだが〟、だぁ、うじゃうじゃど、いだのや…

訳例　毛虫たちが、うじゃうじゃいたのさ。

【けぇっぺ】

語源／意味　／男女の大事な所

使用例　〝けっぺ〟、見らいれぇ、手コで、隠すんだ！

訳例　大事な所、見られるよ、手で隠すんだ。

【けぇな】

語源／意味　かいな／腕

使用例　あいも、あの細い、〝けぇなコ〟、で、よぐ、やたもだ。

訳例　あいつも、よくあの細い腕で頑張ったもんだ。

【げぇな】

語源／意味　／本当に

使用例　今まで、どんだじごどぁ、ねがっけぇ、一人《ふとり》コ、なたば、〝げぇな〟、ぎやねぇ、もんだぁ、なぁ。

訳例　今までは、どうという事はなかったけど、一人になったら、本当に寂しいもんだな。

【げぇに】

語源／意味　現に／本当に

使用例　〝げぇに〟、たまげだっけ。

訳例　本当に、びっくりしたっけ。

【けぇね】

語源／意味　／①あげない、②ひっくり返らない、③食えない、④情けない、⑤簡単

使用例　①がぁさ、だっけぁ、〝けねぇ〟、でぇ。
②「けぇすなヨ」「何《なん》も、このぶ、っこ、だば、〝けぇね〟、んだ」。
③腹いっぺぇで、あだぁ、〝けぇねぇ〟、ど。
④たまげだ、〝けぇねぇ〟、男だな。

訳例　⑤「面倒《めんど》かげる」「何《なん》も、このぶっこ、〝けねぇ〟、もだ」。
①お前にはあげないよ。
②「ひっくり返すなよ」、「何も軽いもんだ」。
③腹一杯でもう食えないって。
④情けない男だなぁ。
⑤「お前にだけ、難儀かげるな〜」「何《なん》も、簡単なもんだ」。

【けぇはぐ】
語源／意味　敬白、軽薄／機嫌を取る・お世辞、へつらう、追従する
使用例　今まんで、へんてかし、ねえ、奴《やづ》だっけぇ、嫁コもらたば、〝**けぇはぐ**〟、するよぉ、おべぇだ、かいで。
訳例　今まで、つまらない奴だったが、嫁さん貰ったらお世辞も覚えたみたいで。

【けぇりっこ】
語源／意味　／お釣り
使用例　〝**けぇりっこ**〟、も、ちゃんと、もらって来るんでぇ〜
訳例　お釣りも、ちゃんと貰って来るんだよ〜

【けぇる】
語源／意味　／①ひっくり返る、②あげる
使用例　①そんたらじゃま、に、たなげば、〝**けぇる**〟、んでぇ。
②がぁさ、〝**けぇる**〟、でばぁ。
訳例　①そんな掴み方だと、ひっくり返るんだよ。
②お前にあげるってば。

【げぇろ—げぇろ】
語源／意味　／荒々しくかき混ぜる様子
使用例　〝**げぇろ—げぇろ**〟ど、までコ、に、かっかます、もだんだ。
訳例　グルグルと、丁寧にかき混ぜるもんだ。

【けぇんど】
語源／意味　街道／広い道路
使用例　〝**けぇんど**〟、サ、出るどぎぁ、車来ねぇが、ちゃんと見るんでぇ。
訳例　道路に出る時は、車が来ないかちゃんと見るんだよ。

【けじがる／けじがった】
語源／意味　／…しやがった
使用例　俺《おい》のどぎぁ、文句付けで、〝**けじがった**〟、くしぇにや。
訳例　俺の時には、文句をつけて来たくせに。

【けっぱる／けっぱれ】
語源／意味　／頑張る
使用例　お前ぇもよいでねぇべども、まんじ、〝**けっぱって**〟、けろ！
訳例　あなたも大変でしょうけど、まず頑張って！

【けっち】
語源／意味　けち／①けちん坊　②最後、後　③お尻
使用例　①んにゃ〜、〝**けっち**〟、だなぁ。
②行ぐどぎぁ、先だっけぇ、〝**けっち**〟、で戻《もど》た、おだ。
③〝**けっち**〟、サ、泥ぁ、ついでれぇ。
訳例　①いやぁ、けちん坊だなぁ。
②行くときは先頭だったけど、戻りは最後だった。
③尻に泥がついてるよ。

【けつける】
語源／意味　／話し合いの余地はないとばかりに背を向ける、尻を向ける
使用例　詫びもさねで、ぐれっと、〝**けつけだ**〟、のや。
訳例　謝りもしないで、プイと背中を向けたんだ。

【けっちゃ】
語源／意味　／裏返し
使用例　脱いだ、靴下《くじした》、〝**けっちゃ**〟、でぇ。
訳例　脱いだ靴下が、裏返しだよ

【けっちゃもぐれ】
語源／意味　／衣類を乱暴に脱いでひっくり返った様
使用例　脱いだ、靴下《くじした》も、ジボンも、みな、〝**けっちゃもぐれぇ**〟、でぇ。
訳例　脱いだ靴下もズボンも、みんな裏返しだよ。

【けつまげる】
語源／意味　／転ぶ
使用例　足、ふかがて、皆いるどごで、〝**けつまげ**〟、で、しまったのしぇ。
訳例　足が引っかかって、皆がいるところで、転んでしまったんだ。

【げふり】
語源／意味　／ゲップ
使用例　〝げふり〟、出《で》でらおん、あどぁ、ごっちょさん、すんだ。
訳例　ゲップが出ているんだから、もうご馳走様したら。

【げほ】
語源／意味　／後頭部（頭）
使用例　〝げほ〟、下げねぇばぶつけるでぇ、
訳例　頭を下げないと、ぶつけるよ。

【けゃねぇ】
語源／意味　／簡単、軽い
使用例　すぐ出来《でき》るでぇ、〝けゃねぇ〟、もんだ。
訳例　直ぐに出来るよ、軽いもんだ。

【ける／けねぇ】
語源／意味　あげる／あげない
使用例　・かぁ、〝ける〟。
・うにゃ、がぁさば、〝けねぇ〟。
訳例　・ほれ、あげる。
・いいや、お前にはあげないよ。

【けろ】
語源／意味　／くれ
使用例　これ、〝けろ〟。
訳例　これ、くれ。

【けらぼど】
語源／意味　／作業用の多目的防寒衣類
使用例　なもかも、さみがた、ども、じっちゃ、〝けらぼど〟、着て行った。
訳例　とても寒かったけど、爺さん、作業用の外套を着て行った。

【けやぐ】
語源／意味　／仲間
使用例　おいどは、〝けやぐ〟、だ、たいに。
訳例　俺とは、仲間だから。

こ

【こう―すぶす（し）】
語源／意味　／こうしよう、こうするべし
使用例　爺さま、ど、は爺様ど、俺んどは、〝こう―すぶし〟。
訳例　爺さんは爺さんで達で、俺たちはこうしよう。

【こえぇ】
語源／意味　／疲れた
使用例　はぁ、〝こえぇ〜〟、そごで、えとごな、休む、べぇ。
訳例　はぁ、疲れた、そこで休もうよ。

【こがコ】
語源／意味　／木の桶
使用例　〝こがコ〟、さ並べだら、見えなぐなるぐれぇ、塩コ、振るの、しぇ。
訳例　桶に、並べたら、見えなくなるくらい塩を振るんだ。

【ごぎ】
語源／意味　／後妻
使用例　あれぇ、どっから、だが、〝ごぎ〟、貰らた、おんだど。
訳例　あれ、どこからか、後妻を貰ったんだって。

【こぐ】
語源／意味　／悪路を逆らって歩く
使用例　わんちかばりの、タゲノコ取るって、ヤブ、〝こぎ〟、さへらいだのやぁ。
訳例　少しばかりの、タケノコ取るって、ヤブこぎさせられたんだ。

【こぐる／こぐね】
語源／意味　／強くこする
使用例　そんたに強く、鼻、〝こぐね〟、んだ。
訳例　そんなに強く、鼻をこすらない方がいいよ。

【ここま（っこ）】
語源／意味　子馬／子馬
使用例　〝ここまっこ〟、だぁ、はだどサ、かだって、跳ねまてら。
訳例　仔馬たちが、親たちに混じって、走ってる。

【ごごめぐ】
語源／意味　／ぐずぐず文句を言う
使用例　そんたに、〝**ごごめぐ**〟、ってが～
訳例　そんなに、グズグズ言うってか～

【ごごまる】
語源／意味　／しゃがむ
使用例　とどがねぇでぇ、さっと、〝**ごごまれ**〟、でぇ。
訳例　届かないから、少ししゃがんでくれ。

【こさびしけぇね】
語源／意味　／少しさみしい
使用例　しじがてぇども、あいも、大人っこ、なたどごで、さっと、〝**こさびしけぇね**〟、な～
訳例　構いたいんだけど、あいつも大人になったから、ちょっと、さみしいなぁ～

【こしぇる】
語源／意味　／作る
使用例　仕方《しかだ》ねぇたいに、まだ、〝**こしぇだ**〟、のしぇ。
訳例　仕方がないから、また作ったんだよ。

【こしぐる】
語源／意味　／拭きとろうと拭うこと
使用例　そんたに、〝**こしぐったって**〟、といるもんで、ねぇんだ。
訳例　そんなに、拭っても、取れるもんじゃないんだ。

【こじげ（っこ）】
語源／意味　／小遣いコ
使用例　ババがらわんじが、〝**こじげぇっこ**〟、貰ったけど。
訳例　婆さんから、少し小遣い貰ったんだと。

【こしゃぐ】
語源／意味　講釈／世話、ありがた迷惑な世話
使用例　えぇがら、まんず、〝**こしゃぐ**〟さねてぇも、いいがら。
訳例　まず、世話しなくてもいいから。

【ごしゃぐ】
語源／意味　／怒る、叱る
使用例　うんにゃあ！あの、くされバンバにかて、〝**ごしゃげで**〟、くるでぇ。
訳例　いやぁ！　あのクソ婆に腹立ってくるよ。

【ごしゃがいる】
語源／意味　／叱られる、怒られる
使用例　あのぶ、の、ごどで、〝**ごしゃがいだ・ごしゃが**

いだ〟。

訳例　たったのあれだけのことで、叱られた、叱られた。

【ごしゃげる】

語源／意味　／腹が立つ

使用例　いゃーあの婆にかて、〝**ごしゃげる**〟、ごど、〝**ごしゃげる**〟、ごど。

訳例　いゃ～あの婆さんは、腹の立つこと、腹の立つこと。

【ごしょいも】

語源／意味　五升芋／ジャガイモ

使用例　畑サバ、〝**ごしょいも**〟、ど、なんだりかんだり、植えるのや。

訳例　畑には、ジャガイモと、いろんなものを植えるんだ。

【こそっと】

語源／意味　／そっと、目立たないように

使用例　ほれぇ、まっこ、がぁさばり、〝**こそっと**〟、けるのだがらな。

訳例　はい、お年玉。あんたにだけ、内緒であげるのだからね。

【ごだごだ】

語源／意味　／ひどく汚れる・濡れる

使用例　昼間からの雨にかて、かぐいるどごもねぇどごで、〝**ごだごだ**〟、ど、なってしまたのや。

訳例　昼からの雨は、雨宿りするところもなくて、ひどく濡れてしまったんだ。

【こちょがす】

語源／意味　／くすぐる

使用例　あまり、ぶすけ面してれば、〝**こちょがして**〟、けるど。

訳例　あんまりぶすっと、してれば、くすぐるぞ。

【こっくらまっくら】

語源／意味　小暗真暗／薄暗くて物がよく見えないさま

使用例　こんたら、〝**こっくらまっくら**〟、にしてねぇんで、電気つけるんだ。

訳例　こんな、真っ暗にしていないで、明かりを付けたら。

【こっこ】

語源／意味　子／子、赤ん坊

使用例　腹おっきねごぁ、〝**こっこ**〟五匹も六匹も生んだのっしぇ。

訳例　腹の大きかった猫が、仔を五匹も六匹も生んだのです。

【こっこまる】

語源／意味　／姿勢を低くする、しゃがみ込む

使用例　あだまぁ、ぶつかるたいに、〝こっこまて〟、行《い》ぐんだ。

訳例　頭がつかえるから、姿勢を低くして行くんだ。

【ごっこ】

語源／意味　／どもり

使用例　あれぇ、〝ごっこ〟、で、ふかがる、ども、気持ちコぁ、いい奴《やづ》でしぇ。

訳例　あのひとは、どもりで言葉がスラスラ出てこないけど、気持ちはいい奴だよ。

【こっちゃ】

語源／意味　／こっち

使用例　〝こっちゃ〟、来い、でばぁ～

訳例　こっちに、来いってば～

【こっちゃしねぇ】

語源／意味　／忙しない、落ち着かない

使用例　うんにゃ！、〝こちゃしねぇ〟、童だごど。

訳例　いやぁ～忙しない子だこと。

【こっぱ―でぇぐ】

語源／意味　木端大工／下手な大工、大工への蔑称、自分を卑下した表現

使用例　あれぇ、しぇ、便所しか、やいねぇ、〝こっぱ―でぇぐ〟、でしゃ。

訳例　あいつは、便所ぐらいしか作れない下手な大工だ。

【こっぺ】

語源／意味　／①こうべ、頭　②気がきき、手が早い

使用例　①あまり、じょちょめで、ぶっ転んで、〝こっぺ〟、わったり、ぶつけだ、けど。

②あの若げぇ者ぁ、〝こっぺ〟、利いで、いい奴《やづ》だ。

訳例　①せわし無く動いていて、勢いよく転んで、頭を思い切り、ぶつけたんだって。

②あの若者は気が利いて、いい奴だ。

【こでぇらいねぇ】

語源／意味　応えられない／素晴らしい（文句なし）

使用例　いやぁ―旨えごど、〝こでぇらいねぇ〟、な～

訳例　いやぁ～おいしいこと。文句なしだ。

【このが】

語源／意味　米ぬか／米ぬか

使用例　ふぐろさ、穴えぇでらどごで、〝**このが**〟、くるめぇ、なたのしぇ。

訳例　袋に穴が開いていたので、米ぬかまみれになってしまったんだ。

【このげ】

語源／意味　／眉毛

使用例　〝**このげ**〟ぇこ、なんぼが薄ぐなてきた。

訳例　まゆが、ちょっと薄くなってきた。

【こばがたれ】

語源／意味　小馬鹿垂れ／相手に皮肉と愛嬌を込めた形容

使用例　この、〝**こばがたれ**〟。

訳例　この〜、馬鹿だな〜

【こび】

語源／意味　／こげ、汚れ

使用例　かしぎ、たのまいだ、ども、遊《あし》でぇら、うぢに、〝**こび**〟、らがして、しまたのや。

訳例　飯炊き頼まれたけど、遊んでいたら、ご飯を焦がしてしまったんだ。

【こび―まま】

語源／意味　／釜に付いたこげたごはん

使用例　〝**こび―まま**〟、炊いだって、かがらいだのや。

訳例　焦げご飯を炊いたって叱られたんだ。

【こびり（っこ）】

語源／意味　小昼／中食、おやつ

使用例　〝**こびりっこ**〟、来たたいに、休んでくだぁ〜い。

訳例　小昼が届いたから、休んでくださ〜い。

【ごへごへ】

語源／意味　／ごくごく、遠慮なく飲むさま

使用例　なんぼが、がまんしてらったんだが、つがいだっけ、〝**ごへごへ**〟、ど飲んだっけど。

訳例　いくら我慢していたのか、注がれたら、ゴクゴクと飲んだんだって。

【こまる】

語源／意味　／①おじぎ　②困る

使用例　けんどありてらけ、〝**こまらいだ**〟、のや。

訳例　道路を歩いていたら、お辞儀されたんだ。

【こまんちけねぇ】

語源／意味　／汚らしい

使用例　〝**ごまんちけねぇ**〟、マネさねぇんだ～
訳例　汚らしい、マネ止めたら～

【こみっと】
語源／意味　／穏やかに、じんわりと、しみじみと
使用例　婆だぁ、どやて、味付けだ、もだだが、どだじごどねぐ、〝**こみっと**〟、うめぇもんだ、っけ。
訳例　婆さんたちは、どうやって味付けをしたもんだか、どうってことはないんだけど、しみじみと旨かった。

【こむずがしぃ】
語源／意味　小難しい／ちょっと難しい
使用例　普段だば、どだずごどぁ、ねぇども、飲めば、〝**こむずがし**〟、ぐ、なる、奴《やづ》、でしゃ。
訳例　普段はどうってことはないけど、飲めばくどくなる奴でね。

【こもり（っこ）】
語源／意味　①子守　②小盛／①子守（っこ）　②固まり
使用例　①まだ、ちさこがた、ども、〝**こもりっこ**〟、さへらいだ、のや。
②までっこに、やねぇば、底の方《ほ》サ、〝**こもり**〟、なてるごど、あるんでぇ。
訳例　①まだ小さかったけど、子守りをやらされたんだ。
②丁寧にやらないと、底の方でダマになるときがあるんだ。

【ごろさろ】
語源／意味　／無為に過ごす（時間）
使用例　一日いっぺぇ、何もさねぇで、〝**ごろさろ**〟、ど、してらのやぁ。
訳例　一日一杯、何もしていない、ぶらぶらしてたんだ。

【こんじげ】
語源／意味　肥塚／野菜くずなどを発酵させ堆肥にする場所、残飯捨て場
使用例　〝**こんじげぇ**〟、掘返《ほけ》せば、メメジだ、一杯《いっぺ》、出で来るんで。
訳例　肥塚を掘れば、ミミズが一杯出て来るよ。

【こんじげぇ―もり】
語源／意味　肥塚盛／堆肥盛、残飯捨て場
使用例　やい、これ、〝**こずげぇ―もり**〟、さ、投げできて、けれでぇ。
訳例　おい、これ、〝**肥塚**〟に捨ててちょうだい。

【こんちけぇ】

語源／意味　／こんつくれ、へそ曲がり

使用例　あんたら、〝**こんちけぇ**〟、さば、されぇ、かまぁねぇんだ。

訳例　あんな、へそ曲がりには、構わないんだ。

【こんちける】

語源／意味　／ぐれる、へそを曲げる

使用例　今までぇ、いがけぇ、その、話し、なたばぁ、〝**こんちけだ**〟、おな。

訳例　今までよかったのに、その話になったら、へそを曲げたんだ。

【こんちくれぇ】

語源／意味　／へそ曲がり

使用例　あれぇ、若ぇ《わげぇ》頃、がら、〝**こんちくれぇ**〟、だっけおん。

訳例　あいつは若い頃から、へそ曲がりだったもの。

【ごんど】

語源／意味　／ゴミ

使用例　「どごさぁ？」「どごさ、行ぐてな、〝**ごんど**〟、なげぇ、しぇ」

訳例　「どこに行くの？」「どこに行くって、ゴミなげだよ」

【ごんぼほり】

語源／意味　牛蒡堀／泣き虫、しつこく我を通そうとする人

使用例　あれぇ、〝**ごんぼほり**〟、だたいに、呑んだどぎぁ、気ぃ付けるんだ。

訳例　あいつは、しつこいから、呑んだ時は気を付けるんだよ。

さ

【さい（さい―さい）】

語源／意味　／しまった！

使用例　うんにゃ～、〝**さい！**〟

訳例　いやぁ、しまった！

【さがぁしぃ】

語源／意味　／賢い、ずるがしこい

使用例　親さ、似ねでぇ、〝さがしぃ〟、童コ《わらし》だぉん。
訳例　親に似ないで、賢い子どもだもの。

【さがばいる】
語源／意味　叫ばれる／呼ばれる、注意される
使用例　どっち、がら、来たおんだが、ほでぇねぐ、なたどぎ、〝**さがばいだ**〟、のや。
訳例　どっちから来たのか分からなくなった時に呼ばれたんだ。

【さがぶ】
語源／意味　叫ぶ／　叫ぶ
使用例　困ってしまてしゃ、大きた声出して〝**さがんだ**〟、おだ。
訳例　困り果てて、大声で助けを求めて叫んだんだ。

【さがる】
語源／意味　盛る／賑わう
使用例　おらぁ、童た頃ぁ、花見で、〝**さがった**〟、もんだおだ。
訳例　俺が子供の頃は、花見で賑わったんだ。

【さぎおどでな】
語源／意味　／一昨日の前日
使用例　「いづ、の、話しや」「〝**さぎおどでな**〟、のごどで、ねっきぇ、がな」
訳例　「いつの話だ」、「一昨日の前日の事でなかったかな」

【さきだ／さきた】
語源／意味　／さっき、ついさっき
使用例　〝**さきだ**〟、ここさ、いだおんだ、けぇなぁ。
訳例　ついさっき、ここに居たんだがなぁ。

【さきだ—かだ】
語源／意味　／さっき、ついさっき
使用例　〝**さきだ—かだ**〟、あこ、さ、いだおんだっけぇ、なぁ。
訳例　ついさっき、あそこに、居たんだがな～

【ささる】
語源／意味　／①（話に）加わってくる　②突き刺さる。
使用例　①何さでも、〝**ささる**〟、奴《やつ》なんだよ。
訳例　何にでも、はまってくる奴なんだよ。

【ささら—さっと】
語源／意味　／ざっと、簡単に
使用例　そんたに、までっこ、で、ねっても、〝**ささら—**

さっと〟、で、いいんでぇ。

訳例　そんなに丁寧でなくても、ざっとでいいんだよ。

【さっと】

語源／意味　／軽く、急いで、要領よく

使用例　そんたに、までっこにさねてもしぇ、〝**さっと**〟、でいんだ。

訳例　丁寧にしなくても、軽く水で流せばいいのだ。

【さっさど】

語源／意味　／相手を急かす、少しきつい表現

使用例　いずまでも、ゆだらっこぐ、してねで、〝**さっさど**〟、とかがる、んだ。

訳例　いつまでも、ダラダラしていないで、早く取り掛かるんだ。

【さっさ】

語源／意味　／しまった!

使用例　〝**さっさ**〟、はぁ、終《お》わて、しまた、てが。

訳例　しまった!もう、終わってしまったの。

【さっぱど】

語源／意味　／さっぱり

使用例　〝**さっぱど**〟、だめだっけでぇ。

訳例　全然、ダメだったよ。

【さなぶり】

語源／意味　／田植え休み

使用例　田もしぇ、〝**さなぶり**〟、過《し》ぎるまでぇ、大変《てぇへ》だったのしぇ。

訳例　田んぼの作業も、田植えが終わらないと大変だよ。

【さなむ】

語源／意味　／いじる、いじくる

使用例　猫《ねご》だて、そんたに、〝**さなま**〟えたぐ、ねぇんだ。

訳例　猫だって、そんなにいじられたくないんだ。

【さまこ】

語源／意味　／縁側

使用例　〝**さまこ**〟でしゃ、もいだ、ばりの、キュウリ、みそ付けで、ごっちょなた。

訳例　縁側で、取れたてのキュウリに味噌をつけて御馳走になった。

【さます】

語源／意味　／冷やす

使用例　まだ、熱っちたいに、しぇ、さっと、ふちけで、〝**さます**〟、んだ。

訳例　まだ熱いから、フーフー吹いて冷ましたら。

【さらる】

語源／意味　／さらう、拾い集める

使用例　こぼいだぁ～、それ、みな、〝**さらって**〟、けろでぇ～

訳例　こぼれておちた～全部、拾い集めてくれ～

【されかもねぇ～】

語源／意味　／相手にしない

使用例　あいだっけ、ふと、の、話聞げぇねおん、〝**されぇかもねぇ**〟、んだ。

訳例　あいつは、人の話を聞けないから、構わないいんだ。

【されかもなぁ～】

語源／意味　／相手にするな

使用例　誰《だい》も、あいさば、〝**されかもなぁ～**〟。

訳例　誰も、あいつにはかまわなくていいんだ。

【さんけ】

語源／意味　／三毛猫

使用例　おれぇ家の、猫《ねこ》ぁ、しぇ、きれぇんた、〝**さんけ**〟、でぇ。

訳例　俺んちの猫は綺麗な三毛猫だよ。

し

【じぃぎ】

語源／意味　／生肥、未発酵の糞尿・堆肥

使用例　飯時《めしどき》、隣のババにかて、〝**じぃぎ**〟、撒《ま》ぎぃやらいだどごで、どっごにな。

訳例　ご飯時に、隣の婆さんに、汲み取りやられてしまって、そんな人いるもんでないよ。

【じぃぐだれ】

語源／意味　／弱虫、意気地なし

使用例　あいだっけ、なりばりで、〝**じぃぐだれ**〟、だおや。

訳例　あいつは、恰好ばかりで、意気地なしだ。

【じぃほふたれ】

語源／意味　／うそをつく人

使用例　あい、だっけ、〝**じぃほふたれ**〟、でぇ。

訳例　あいつは、うそつきだよ。

【じぃほまげ】

語源／意味　／うそをつく、うそつき

使用例　〝**じほまげぇ**〟、ねぇんだ。

訳例　うそ、つかないんだ。

【じゃま】

語源／意味　／①恰好、体格　②いい気味

使用例　①まがへろって、えばてらっけ、見《みぃ》ろ、あの、〝**じゃま**〟。

②ふと言う事《ごど》ぉ、聞がねぇおだぉ、ええ、〝**じゃま**〟、くた。

訳例　①まかせろって威張って言ってたのに、見ろよ、あの恰好。

②人の言う事をきかないんだもの、いいざまだ。

【しぇがり】

語源／意味　／骨接ぎ

使用例　馬がら、落《お》ぢで、腕《けぇな》の、骨折《ほねお》た、どごで、永田の、〝**しぇがり**〟、の、世話《しぇわ》、なたけぇど。

訳例　馬から落ちて腕の骨が折れてしまい、永田の骨接ぎの世話になったんだって。

【しぇどな／へどな】

語源／意味　／先日

使用例　じほまげぇ、ねぇんだ。〝**しぇどな**〟、いげったばりだべぇね。

訳例　嘘つかないんだ。この前会ったばっかりじゃないか。

【じぇに】

語源／意味　／…の分際で

使用例　童の、〝**じぇに**〟、大人どサ、かだて、人足サ、行がへらいだ、のや。

訳例　童の分際で、大人と一緒に共同作業に行かせられたんだ。

【しぇみじ】

語源／意味　車道／戸が動く溝

使用例　戸の、〝**しぇみじ**〟、ぼじぼじど、ほごりコで、くわてでしぇ。

訳例　戸車の溝に、ホコリが一杯ついて、溝が塞がってねぇ。

【じ（ぜ）ぇんこ】

語源／意味　銭（コ）／①お金　②御膳

使用例　①なんぼ、〝**ぜぇんこ**〟、数《かぜ》ぇだて、まっこぁ、増えねぇんだ。

②〝**じぇんこ**〟、の支度《したぐ》、出来《でぎ》だたいに、ねまて、

もらて、けろぉ。

訳例　①いくらお金を数えてもお年玉は増えはしないよ。
②御膳の準備が出来たから座ってもらってちょうだい。

【しかげぇる】

語源／意味　仕掛ける／最初に手を出す

使用例　なんも、あいがら、〝**しかげぇだ**〟、おだ。

訳例　違う、あいつが先に手を出したんだ。

【しかせぇる】

語源／意味　／おしえる、聞かせる

使用例　先生《しぇんせ》、さ、〝**しかせぇで**〟、けるがら。

訳例　先生に言いつけてやるから。

【しかだねぇ】

語源／意味　仕方無い／困った、気の毒、可哀そう

使用例　あや、こまた、〝**しかだねぇ**〟な〜

訳例　ありゃ〜困った。仕方ないな〜

【しかだながる】

語源／意味　／悲しがる、残念がる

使用例　あれ、死んでしまたどごでぇ、同級《どっきゅ》どぁ、皆ぁ、〝**しかだながって**〟、いだおんだ。

訳例　あいつが死んでしまったことで、同級生たちは皆、残念がっていたんだ。

【じぎ】

語源／意味　／①…した時　②糞尿の生肥え（人糞）

使用例　①おれぇ、家サ戻た、〝**じぎ**〟、だば、まだ誰《だい》も来てねぇおんだ。
②なもかも、ひょし、けども、畑サ、〝**じぎ**〟、配り、さへらいだのや。

訳例　①俺が家に戻った時には、まだ誰も来ていなかった。
②とっても恥ずかしかったけど、畑に生肥え運びをさせられたんだ。

【じぐさ】

語源／意味　／御汁の具材

使用例　今日の、〝**じぐさっこ**〟、なんだべぇ？

訳例　今日の御汁の具は何でしょう？

【じぐなし（ずぐなし）】

語源／意味　／意気地無し、気が弱い

使用例　あれだっけ、あのなりして、〝**じぐなし**〟、だにかて。

訳例　あいつは、立派な体をしているけど、意気地なしなんだよな。

【しけぇ】

語源／意味　／酸っぱい、腐れかけ

使用例　このトーフぁ、駄目だおんでぇねぇな、〝しけぇ〜〟ぐ、なてれぇ〜

訳例　この豆腐はもうだめなんじゃないか、酸っぱくなっているよ。

【しける（すける）】

語源／意味　助る／手伝う

使用例　しけねぇな〜、おお、〝しける〟、たった今、いがぁ。

訳例　手伝ってくれないか〜おお、手伝うよ、すぐ行くから。

【しじぃがる】

語源／意味　／相手にする、可愛がる、からかう

使用例　皆、面白《もしろ》がて、あいさ、〝しじぃがる〟、ど。

訳例　皆面白がって、あいつをからかうそうだ。

【しじぃがね】

語源／意味　／相手にしない

使用例　だいも、あいさば、〝しじぃがねぇ〟、んだ。

訳例　誰も、あいつには構わないんだ。

【しじぐ】

語源／意味　／ぴったりと面に張り付くこと

使用例　お〜、あへだいに、〝しじだ〟、ごど。

訳例　お〜あわせたみたいにピッタリだこと。

【しじくせ】

語源／意味　七癖／悪い癖、生来の癖

使用例　んにゃ〜まだがぁ、がぁの、〝しじくせ〟、だおな。

訳例　いやぁ、またか、お前の悪い癖だもんな。

【ししける】

語源／意味　／からかう

使用例　おなごさ、〝ししける〟、痩《や》へぇ、男《おどご》〜

訳例　女の子をからかう、痩せオトコ〜

【したども／したたて】

語源／意味　／だって、だけれども

使用例　〝したども〟、そいだば、俺ぇばり、損す、おんでぇねぇが。

訳例　だけども、そうだと俺だけ損するんじゃないか。

【したて】
語源／意味　／でも
使用例　〝したて〟、がぁ、だたて、かだるって、へったべぇしゃ。
訳例　でも、お前だって、入るって言ったんじゃないか。

【したふぎ】
語源／意味　下拭き／雑巾
使用例　〝したふぎ〟、で、ここ、拭《ふ》いで、けろ～
訳例　雑巾で、ここを拭いてくれ～

【したら】
語源／意味　／それなら
使用例　〝したら〟、あいさば、しかしぇねぇ、ごどに、すがぁ。
訳例　だったら、あいつには教えないことにするか。

【したんけ】
語源／意味　／バッタ、メンコ
使用例　男童《おどごわらし》ダァ、よぐあぎねぇでぇ、〝したんけ〟、やてらってるもだな。
訳例　男の子たちは、飽きないで、よくメンコ打ちをしているもんだな。

【じっかもっか】
語源／意味　／チクチクと刺すような痛みの表現
使用例　しね、の、うら、〝じっかもっか〟、ど、病めるんだよ。
訳例　脛《すね》の裏が、チクチク痛むんだよ。

【じっしゅ】
語源／意味　爺主／爺さん
使用例　どぉしたどんす！、〝じっしゅ〟、いだべが～
訳例　ごめんください、爺さんいるか～

【しっぱね】
語源／意味　／踵から跳ね上げる泥
使用例　いやぁ、はえぇ、はえぇ、〝しっぱね〟、あげでぇ、走って行《い》たけ～
訳例　いやぁ速い速い、泥はね上げて走っていったよ～

【じっぱり】
語源／意味　／一杯、ずらりと
使用例　めらしだぁ、木綿コ着てぇ、〝じっぱり〟、集《あじ》まって、れぇ。
訳例　女の子たちが着物を着てずらりと集まっていたよ。

【してでんこ】
語源／意味　／してでんまっか：子供の遊び
使用例　〝**してでんこ**〟、して遊《あし》ばねぇが～
訳例　〝**してでんこ**〟、をして、遊ばないか～

【じでぇ】
語源／意味　／全く、さっぱり
使用例　あの人《ふたぁ》、〝**じでぇ**〟、よたいなし、だおん、なぁ。
訳例　あの人は、全く役に立たない奴だよなぁ。

【しなごぐ】
語源／意味　／しごく、手でもんで軟らかくする
使用例　クマしぇ、俺ェの田サへって、手でぇ、〝**しなごいで**〟、米、食って、らっけでぇ。
訳例　クマが、家の田んぼに入って、手で米をしなごいて食べていたんだ。

【しにぎり】
語源／意味　／必死、一生懸命、命をがける意味の大げさな表現
使用例　おいだって、〝**しにぎり**〟、だおんでぇ。
訳例　俺だって、一生懸命なんだよ。

【しねぇ】
語源／意味　／しなやかに堅い、噛みきれない
使用例　なもかも、高げぇども、高げぇばり、高げぇくてぇ、まるんで、〝**しねぇ**〟、もだ。
訳例　とっても高いけど、高価なだけで、堅くて噛みきれない。

【しねから】
語源／意味　／脚、生足
使用例　〝**しねから**〟出して歩《あ》りてれば、風邪、ふぐでぇ！
訳例　生足、出して歩くと風邪ひくぞ～

【じねぇら―くねぇら】
語源／意味　／はっきりしない、優柔不断
使用例　いづまでも、はっきり、さねぇで、〝**じねぇら―くねぇら**〟ど、わがぁねぇ、でぇ。
訳例　いつまでもはっきりしない、優柔不断で駄目だよ。

【しばらしねぇ】
語源／意味　／やかましい
使用例　このわらしんど！、〝**しばらしねぇ**〟、でば！
訳例　子供達！やかましい、てば！

【しばれる】
語源／意味　／とても気温が低い、肌に刺すほどの寒さ
使用例　今朝まぁ、ずんぶ、〝**しばれだ**〟、ごどぉな。
訳例　今朝はずいぶん冷えたねぇ。

【じほ】
語源／意味　／嘘
使用例　〝**じほ**〟、だべ。
訳例　嘘だろ。

【じほこぎ】
語源／意味　／うそつき
使用例　〝**じほこぐ**〟、な。
訳例　嘘つくな。

【じほふたれ】
語源／意味　／嘘をついた人を非難する表現
使用例　この、〝**じほふたれ**〟、これぇ。
訳例　この嘘つきが、この〜。

【じほまげ】
語源／意味　／嘘、嘘つき
使用例　しつこぐ、さいだ、どごでぇ、〝**じほまげ**〟だのやぁ。
訳例　しつこくされたので、嘘を言ったんだよ。

【しまねご】
語源／意味　／人との関わりを避けるように隅にいる人。
使用例　そんたらどごでぇ、〝**しまねご**〟、やってねぇでぇ、こっちゃ、かだるんだ。
訳例　そんな端にいないで、こっち来て話の輪に入るんだ。

【しまる／しまた】
語源／意味　仕舞う・仕舞った／仕舞う・仕舞った
使用例　ちらがしてれぇば、なぐすんでぇ、ちゃんと、〝**しまる**〟、んだ。
訳例　散らかしていると、無くするから、きちんとしまうんだよ。

【しみし】
語源／意味　／おしめ
使用例　あがぼ、の、〝**しみし**〟、とけぇで、やってけろ。
訳例　赤ん坊の、おむつ取り替えてあげてくれ。

【しみでぇ】
語源／意味　／冷たい（手・足）
使用例　今朝まぁ、しばれでしぇ、手ぇ、〝**しみでぇ**〟、っ

け、おんな。
訳例　今朝は冷え込みが強くて、手が冷たかったよな。

【しみばれ】
語源／意味　／しもやけ
使用例　あまり、しばいだ、たいに、耳、あぶなぐ、〝**しみばれ**〟、なるどごだっけ。
訳例　あんまり冷え込みが厳しかったから、耳がもう少しで、しもやけになるところだった。

【しみる】
語源／意味　凍みる／①凍る　②味がつく
使用例　①「寒《さ》みがたべぇ」「〝**しみる**〟、どごだっけでぇ」。
②でごサ、味、〝**しみる**〟、まで煮で、おぐんだ。
訳例　①「寒むかったでしょう」「こごえる程だったよ」。
②大根に、味がつくまで煮こむんだよ

【しめぇる】
語源／意味　／掴む、捕まえる
使用例　俺ぇ、こっちがら、おちける、たいに、があ、そっち、で、〝**しめぇで**〟、けろ。
訳例　俺はこっちを押すから、お前はそっちで押さえてくれ。

【しゃへね／しゃしね】
語源／意味　忙しない／騒々しい
使用例　爺だば、静《しじ》がな人《ふと》だども、婆しぇ、〝**しゃへね**〟、くてな。
訳例　爺さんは静かな人だったけど、婆さんは騒々しい人でねぇ。

【じゃらめぐ】
語源／意味　／しびれる
使用例　ねぇごどに、ひじゃこ、おて、行儀ぇぇど、おもてらけぇ、足、〝**じゃらめで**〟、らおだど。
訳例　いつになくひざを折ってぎょうぎいいなと思っていたら、足がしびれていたんだって。

【じょちょめぐ】
語源／意味　／落ち着きなく動き回ること、その様子
使用例　〝**じょちょめぐ**〟、な〟、おけるんでぇ。
訳例　動き回るな、転ぶよ。

【じょん（と）】
語源／意味　／突っ立っている事
使用例　家《え》の童《わらし》いねぐなた、ど思《おも》て、真剣《しんけ》なて探したば、かぐじの柿の木の前《めぇ》さ、〝**じょん**〟、と立てらのや。

訳例　家の子がいなくなったと思って、真剣に探したら、裏の柿の木の前に、突っ立っていたんだ。

【じらける】

語源／意味　／はぐらかす、ふざける

使用例　いじまでも、〝**じらけ**〟、でれぇば、俺《おい》さも、考《かんげ》ぇ、あれぇ。

訳例　いつまでもふざけていると、俺にも考えがあるぞ。

【じらっと】

語源／意味　／平気（で）

使用例　だえに、しゃべらいでぇも、〝**じらっと**〟、した、もだっけ。

訳例　誰に言われても、気にしていないようだった。

【しりまる】

語源／意味　／這いまわる、いざる

使用例　足ぁ、ただねぇぐ、なてぇ、〝**しりまて**〟、よやぐ、来たおだ、でば。

訳例　足が立たなくなって、四つん這いになって、来たんだってば。

【しりもり】

語源／意味　尻漏り／注ぎ口から容器を伝って漏れこぼれること

使用例　そんたら、じゃま、に、やれば、〝**しりもり**〟、すだ、でば。

訳例　そんなやり方だと、注ぎ口から伝ってこぼれるってば。

【じれこ】

語源／意味　／からかう、生意気、失敬な事

使用例　〝**じれこ**〟、すな～

訳例　からかう、な～

【じれっと】

語源／意味　／じろりと

使用例　何が、文句あるかいで、〝**じれっと**〟、にらめだおだっけ。

訳例　何か文句があるようで、じろりとにらんだっけ。

【じろかろ（ど）】

語源／意味　／じろじろ（と）

使用例　ほんたに、〝**じろかろど**〟、見ねぇんだ。

訳例　そんなに、ジロジロ見ないんだ。

【しんけ】

語源／意味　真剣／真剣、一生懸命

使用例　ふたぁ、〝しんけ〟、なて、こしぇだ、おんだんで。
訳例　おれが、真剣に作ったんだよ。

【じんじょ】
語源／意味　地蔵／絵、マンガ、地蔵さん
使用例　〝**じんじょ**〟ばり、描いてねぇんで、勉強しぇ。
訳例　絵ばっかり描いていないで、勉強しろ。

【じんじょさん】
語源／意味　地蔵様／地蔵さん
使用例　なんだがなぁ、そのなりで、立ってればぁ、まるきり、〝**じんじょさん**〟、だなぁ。
訳例　なんだか、その格好で立っていると、まるで地蔵さんみたいだな。

【しんぴたれ】
語源／意味　／だらしない人
使用例　あちこち、ちらがして、〝**しんぴたれ**〟、だなぁ。
訳例　あちこち、ちらかして、だらしないなぁ。

【しんぴたいねぇ】
語源／意味　／だらしない
使用例　うんにゃ〝**しんぴたいねぇ**〟、奴《やづ》だなぁ！
訳例　いやぁ、だらしないやつだなぁ！

【…ス】
語源／意味　／言葉尻につけることで敬語として使う
使用例　そだん、〝**ス**〟、か、そでぇもねぇん、〝**ス**〟よ。
訳例　そうですか、そうでもないですよ。

す

【すがま（っこ）／しがま（っこ）】
語源／意味　／氷
使用例　ずんぶ、しばいだ、どおもたば、泉水《へんし》サ、〝**しがま**〟、はてら、おんな。
訳例　随分冷えたと思ったら、池に氷が張っているものな。

【すくた／しくた】
語源／意味　しくじった／しくじった、失敗した
使用例　〝**すくた**〟、さい！汽車時間、忘《わし》いでらっけ、でぇ。
訳例　失敗した～いやぁ、列車時間忘れてたよ。

【ずぐなし／じぐなし】

語源／意味　／弱虫、根性なし

使用例　あの、〝ずぐなし〟、にかて、困《こま》た、もだ、なぁ。

訳例　あの根性なし、には困ったもんだなぁ〜

【すける／しける】

語源／意味　助ける／助ける、手伝う

使用例　「容易《よい》で、ねがべ、えとな、〝すける〟がぁ」「おぉ、助らいろがな」。

訳例　大変でしょう、ちょっと手伝うか、おお、手伝ってもらおうかな。

【ずねらくねら／じねらくねら】

語源／意味　／はっきりしない態度、返答

使用例　あれ、しぇ、いっつも、〝じねらくねら〟、ど、はっきりさねぇんだよ。

訳例　あいつはな、いつも、言い訳ばかりで、はっきりしないんだよ。

【すませぇ／しませぇ】

語源／意味　／返せ

使用例　おめ、さ、貸した、あれ、〝すませぇ〟、で！

訳例　お前に貸した、あれ、返せよ！

【すます／します】

語源／意味　／返す・戻す

使用例　もさげねぇ、がった、かぁ、〝すます〟。

訳例　悪い悪い、ほら、返す。

【すまねご／しまねご】

語源／意味　／仲間に入らない人・入れない人

使用例　〝すまねご〟、やてねぇで、皆のどごさ、かだるんだ。

訳例　一人でやっていないで、皆と一緒にやろうよ。

【ずっぱり／じっぱり】

語源／意味　／一杯、たくさん

使用例　いどごどぁ、一杯《えっぺ》、来たたいに、まっこ、〝じっぱり〟、もらた、びょん。

訳例　いとこ達が一杯来たから、お年玉を一杯もらったと思うよ。

【すねから／しねから】

語源／意味　／脚、生足

使用例　うにゃ、このさぶみに〝すねから〟出して〜

訳例　いやぁ、この寒い中、生足出して〜

【すまっこ／しまっこ】
語源／意味　／隅（っこ）／端っこ
使用例　そんたら、〝**すまっこ**〟、さ、えねで、こっちゃ、ささるんだ。
訳例　そんな隅にいないで、こっちにおいで。

【ずれっこ／じれっこ】
語源／意味　／生意気
使用例　兄サ、そんたに、〝**ずれっこ**〟、す、もんでねぇんだよ。
訳例　兄さんに、生意気なことするんじゃないよ。

【ずれぇ】
語源／意味　／ずるい
使用例　あれぇ、〝**ずれぇ**〟、奴だ！
訳例　あいつは、ずるい奴だ！

せ

【せぇぐ／しぇぐ】
語源／意味　／急ぐ
使用例　そんた、に、〝**せぇぐ**〟、なでば、がのも、ちゃんとあるがら。
訳例　そんなにあわてるなってば。お前の分もあるから。

【せぇで】
語源／意味　／急いで
使用例　〝**せぇで**〟、来た、かいで、汗《あしぇ》、ふったらして、らっけ。
訳例　急いできたみたいで、汗かいていたよ。

【せこぎ／へこぎ】
語源／意味　／骨惜しみ（する人）
使用例　おやじ、さ、似で、わげぇころがら、〝**へこぎ**〟、だっけ、おん。
訳例　親父に似て、若いころから、骨惜しみする奴だったもの。

【せやみ―こぎ】

語源／意味　背病み／骨惜しみ（する人）

使用例　わりと、あれぇ、〝**せやみ―こぎ**〟、でしぇ。

訳例　あの人は骨惜しみする人だよ。

【せわしねぇ】

語源／意味　忙しない／落ち着かない

使用例　〝**せわしねぇ**〟な、もすこし、ゆたかたど、したらえがべ。

訳例　落ち着かない奴だなぁ、もう少しゆったり、すればいいんじゃない。

そ

【そごそご】

語源／意味　そこそこ／適当、適量、妥当

使用例　盛上げねっても、〝**そごそご**〟、で、ええんだ。

訳例　盛り上げなくても、適量でいいんだ。

【そごっと】

語源／意味　／まるまる、底から全て

使用例　こぼさねいに、底《そこ》から、〝**そごっと**〟、はだげるんだ。

訳例　こぼさないように、底から、丁寧に、こそげるんだ。

【そごなれ】

語源／意味　／情けない、（身体）弱い、軟弱

使用例　そのぶっこ、しか、背負《しょえ》ねぇてが、〝**そごなれ**〟、だなぁ。

訳例　それしか、背負えないの、情けないなぁ。

【そさねぇ】

語源／意味　／簡単、容易

使用例　たったの、そのぶっこ、〝**そさねぇ**〟、べ。

訳例　たったのそれくらいなら、簡単だよ。

【そそ】

語源／意味　粗粗／粗末、雑

使用例　までっこに、な、〝**そそ**〟、に、すなよ。

訳例　丁寧に、粗末にするなよ。

【そだ】
語源／意味　そうだ／そうです、そうだ
使用例　そだべぇ〝**そだ、そだ**〟。
訳例　「…そうだろう」「そうだ、そうだ」

【そだ―べんしぃ】
語源／意味　／そうでしょう、そうではないですか
使用例　「〝**そだ―べんしぃ**〟」「まったぐ、そのとおり、だんしな」
訳例　「…そうでしょう」「全くその通りですね」

【そだ―じぃ】
語源／意味　／そうらしい
使用例　「うにゃ、そだのが！」「〝**そだ―じぃ**〟、たまげだもだな」
訳例　「いやぁ、そうなのか！」、「そうらしいよ。驚いたな」。

【そのぶ（っこ）／このぶ（っこ）／あのぶ（っこ）】
語源／意味　／たったのそれだけ
使用例　たったの、〝**そのぶ**〟、っこ、がぁ。
訳例　たったのそれだけか。

【そらす】
語源／意味　／ほったらかしの土地
使用例　爺《じ》様、つぐってきた、はだげ、〝**そらす**〟、わげにいがねぇ、がべ。
訳例　爺さまが、作ってきた畑を、放ったらかしにするわけにはいかないでしょ。

【…そらねぇ】
語源／意味　／（食べた）気がしない、物足りない
使用例　このぶっこ、だば、食った、〝**そらねぇ**〟、だでぇ。
訳例　たったのそれだけだと、食べた気がしないんじゃないか。

【そんた（ら）】
語源／意味　／そんな
使用例　〝**そんたら**〟、話し、聞きたぐもねでぇ。
訳例　そんな話、聞きたくもないよ。

【そんたら―もの】
語源／意味　／そんなもの
使用例　〝**そんたらもの**〟、けるたて、誰《だい》も、いらねんだでぇ。
訳例　そんなもの、上げるって言われても、誰もいらな

いよ。

【そんど】

語源／意味　騒動／騒動、大騒ぎ

使用例　あいにかてしゃ、皆《みんな》、かだて、〝そんど〟、したでぇ。

訳例　あいつのせいで、みんなで大騒動だったよ。

た

【だおだお】

語源／意味　／曲がってまっすぐにならない、たわむ様子。

使用例　大《おっ》きごだぁ、大《おっ》き、ども、風吹《かじぇ》げばぁ〝だおだお〟、って、あいだば、さっぱり、わがねぇんだで。

訳例　大きいことは大きいけど、風が吹くと倒れそうに揺れて、あれは駄目だよ。

【たがらもの】

語源／意味　宝物／①宝物　②大切な馬鹿息子

使用例　①俺家ぇの宝物《たがらもの》は蔵サ、あるの？

②俺家ぇの〝宝物《たがらもの》〟、には困ったもんだ。

訳例　①俺の家の宝物は蔵にあるの？

②俺の家のバカ息子には困ったもんだ。

【たぐる】

語源／意味　／（皮）剥く

使用例　まずしぇ、イダヤの、皮、〝たぐる〟、どごがら、始まるのしゃ。

訳例　まずねぇ、イタヤの皮を剥くところから、始まるのさ。

【…たげる／たげだ】

語源／意味　／いい恰好、ふりをする

使用例　口《くち》でばり、いいふり、〝たげだ〟、って、皆《みな》にかておべらいでるんだでぇ。

訳例　口で、良いことばかり言ったって、皆は知っているよ。

【たじげ】

語源／意味　／女性用の野良着ズボン

使用例　ばば、かぐじで、〝たじげ〟、洗《あら》てらっけ。

訳例　ばあさん、家の裏で、野良着洗ってた。

【たじまり】
語源／意味　立ち廻り／冠婚葬祭等でのご近所の手伝い。
使用例　昔だば、村中さ、〝たじまり〟、頼んだもだんだ。
訳例　昔は村中（自治会）に手伝いをお願いしたもんだよ。

【たじやま】
語源／意味　／動作が止まり、突っ立った状態
使用例　いづまでも、そんたらどごで、〝たじやま〟、やてねぇで、こっちさ、かだるんだ。
訳例　いつまでもそんな所に突っ立っていないで、こっちに来いよ。

【～だず―おんな／～だず―おんだず】
語源／意味　／～だそうだな
使用例　誰さも、しゃべねで、行った、〝だず―おんな〟。
訳例　誰にも言わないで行ったんだそうだってな。

【たちっと／たらっと】
語源／意味　／少し、数滴
使用例　醤油っこなー、〝たちっと〟、で、いいんでぇ。
訳例　醤油は、ほんの一滴でいいんだよ。

【たっぺ】
語源／意味　／唾
使用例　〝たっぺ〟、トッ、てやるのや。
訳例　唾を、ペッと吐くのさ。

【だっても】
語源／意味　／誰も
使用例　〝だっても〟、おいさ、しけで、けねぇおん、仕方ねがぁべ。
訳例　誰も、俺に手伝ってくれないんだから、仕方無いだろう。

【～たでる／～たでろ】
語源／意味　／①（戸を）閉める　②（家を）建てる
使用例　ちゃんと、戸っこ、〝たでる〟、んだ。
訳例　ぴちん、と戸を閉めるんだ。

【…だど】
語源／意味　／…だそうだ
使用例　腹減ったおん、〝だど〟。
訳例　腹が減ったんだって。

【たな】
語源／意味　／赤ん坊の背負い帯、負い紐

使用例　じっちゃ、おぷて、ける、たいに、〝**たな**〟、持てこい。

訳例　爺さんが、おんぶしてあげるから、負い紐を持っておいで。

【たなぐ】

語源／意味　／持つ、持ち上げる

使用例　がぁ、そっち、〝**たなぐ**〟、がぁ、俺ぇ、へば、こっちなぁ。

訳例　お前が、そっちを持つかぁ、じゃあ、俺はこっちの方な。

【…だびょん】

語源／意味　／…だろう、…だと思う

使用例　誰《だい》も、いねがった、どごで、びっくりしたおんだ、〝**びょん**〟。

訳例　誰もいなかったから、びっくりしたんだと思うよ。

【たまぐら】

語源／意味　／①何にも使える、器用な人　②何にもはまる相手を小馬鹿にする表現

使用例　①お前《おめぇ》の、家《え》の、爺様ぁ、なんでも、やいる、〝**たまぐら**〟、だおんな。

②あれぇしぇ、何さでも、やっぱまる、めくされ、〝**たまぐら**〟、や。

訳例　①お前の家の、爺様は何でもできる器用な人だものな。

②あいつは何にでも、中途半端に口を出す、出しゃばりだ。

【たましいいれ】

語源／意味　魂入れ／初めて使う道具

使用例　お～、いい山刀《ながさ》買ったな、今日ァ、〝**魂いれ**〟、が？

訳例　お～、いいナガサ買ったね、今日がデビューか？

【たまげる】

語源／意味　魂消える／非常にびっくりする

使用例　うにゃ、俺《おら》ぁ、〝**たまげで**〟、しまて、腰ぃ、抜げだ、のしゃ。

訳例　いやぁ、俺、びっくりしてしまって、腰が抜けたんだよ。

【たもずがる】

語源／意味　／つかまる

使用例　あ～いい。いいよ、ゆっくり、〝**たもずがれ**〟。

訳例　お～いいよ、いいよ。ゆっくり、掴まれ。

【たもで】

語源／意味　田表／田んぼ

使用例　「爺さま、居だが?」「〝**たもで**〟、さ、行って、見でけねぇが」

訳例　「爺さまいるか?」「田んぼに行ってみてくれないか」

【〜たら（に）】

語源／意味　／…そうに

使用例　んにゃ〜、こうえ、〝**たらに**〟、な〜。

訳例　いやぁ〜、大変だねェ。

【たらっと】

語源／意味　／少し、数滴

使用例　甘ぇど思ったら、醤油っこ、〝**たらっと**〟、たらしぇば、いいんだ。

訳例　甘いと思ったら、醤油を少し入れれば良いんだ。

【だんか】

語源／意味　／便所の汲み取り

使用例　昨日《きな》さま、がら、〝**だんか**〟、担ぎ、やらへらいだのや。

訳例　昨日の朝から、便所汲みをやらされているんだ。

【だんがり】

語源／意味　／勢い、力を強調する表現

使用例　「あだまさきた!」って、〝**だんがり**〟、戸たでで、行ったのや。

訳例　頭にきた!と乱暴に戸を閉めて行ったんだ。

【だんじり】

語源／意味　／順番・順序が違う、着物の袖や長さが違うこと。

使用例　ちゃんと見ねぇたいに、切ったどごぁ、みんな、〝**だんじり**〟、なってら、べ。

訳例　しっかり見て切らないから、みんなずれているだろ。

【だんじゃぐ】

語源／意味　惰弱／ずるくする、怠ける

使用例　皆、苦してる、やず、がぁばり、〝**だんじゃぐ**〟、こいで、らいねぇんだ。

訳例　皆が難儀しているんだから、お前だけ怠けて居られないんだ。

【たんた（こ）】

語源／意味　／靴下の幼児語

使用例　ほれほれ、〝**たんたこ**〟、も、履ぐんだよ。
訳例　ほれほれ、靴下も履くんだよ。

【だんぶり】
語源／意味　／トンボ
使用例　秋なったば、〝**だんぶり**〟だぁ、のろっと、でできたなぁ。
訳例　秋になったら、トンボが一杯出てきたなぁ。

【だんべ―かじぎ】
語源／意味　／便所の汲み取り、桶を棒に通して運ぶ作業
使用例　隣の父さんだぁ、〝**だんべ―かじぎ**〟、やても、腰だべなぁ、決まって、らおの。
訳例　隣の父さん、生肥え運びをやっても、腰なのかねぇ、決まっているもの。

ち

【ちぃさこい】
語源／意味　／小さい、幼い
使用例　なんもやぁ、いじばん、下の、〝**ちぃさこい**〟、のやぁ。
訳例　違うよ、一番下の小さい子だよ。

【ちぃせ】
語源／意味　小さい／背が低い、小さい
使用例　なもや、まだ、学校《がっこ》さへぇる前の、〝**ちぃせ**〟、奴《やつ》のごどや。
訳例　ちがうよ、まだ学校に入る前の小さい子のことだよ。

【ちくしょ―たがり】
語源／意味　畜生たかり／相手を卑下する造語
使用例　何て、頼んでも、うんて、へねおんだ、あの〝**ちくしょ―たがり**〟。
訳例　どう頼んでも、ウンって言わないんだもの、あの、へそ曲がり。

【ちくっと】
語源／意味　／少し、針が刺さるような痛みの表現
使用例　ヤブでしゃ、〝**ちくっと**〟した、ど、思たけぇ、刺さえでぇらっけ。
訳例　ヤブの中で、チクッとしたと思ったら、刺されて

いたんだ。

訳例　私は背が低いから、ちょっと、しゃがんでくれないか。

【ちっちょごばる】

語源／意味　／しゃがむ

使用例　オレェ、ちさこいがらぁ、えとな、〝**ちっちょごばって**〟、けねぇなぁ。

訳例　私は背が低いから、ちょっと、しゃがんでくれないか。

【ちっちゃこい】

語源／意味　／小さい

使用例　「おー、いっぺ、とたごど」「なんも、〝**ちっちゃこい**〟のばり、だ」

訳例　「おー、一杯採ったねぇ」、「いいや、小さいのばかりだよ」。

【ちっぱり（こ）】

語源／意味　／つっかい棒

使用例　戸っこ、開がねぇいに、びんと、〝**ちっぱり**〟、かて、おいで、けぇれ、ど。

訳例　戸が開かないように、しっかり、つっかい棒をしておいて、と言ってたよ。

【ちみちぐり】

語源／意味　罪つくり／罪つくり、可哀そう

使用例　あの、めちゃこい、のサ、頼んで、〝**ちみちぐり**〟、だったな。

訳例　小さい子に頼んでしまって、可哀そうなことをした。

【（ぐぐ）ちゃっちゃど】

語源／意味　／（急いで）＋素早くの造語

使用例　まやめで、ねで、〝**（ぐぐ）ちゃっちゃど**〟、行て来るんだ。

訳例　もたもたしていないで、早く行って来たら。

【ちゃこ】

語源／意味　／猫

使用例　こだっつ、がら、〝**ちゃこ**〟、どどんて、落《お》ぢだっけ。

訳例　コタツから、猫が、どどんと落ちたんだって。

【ちゃちゃ】

語源／意味　／猫

使用例　〝**ちゃちゃ**〟、にかて、がりっと、やらいだってが。

訳例　ネコにがりっと引っかかれたのか。

【ちゃっぺ】
語源／意味　／猫
使用例　〝ちゃっぺ〟、にかて、がりっと、やらいだってが。
訳例　猫にガリってやられたのか。
【ちゃらちゃら】
語源／意味　／①軽い、軽率な様子　②体の部位が痒いようにしびれる様子
使用例　①〝ちゃらちゃら〟ど、弁ばりふって、さっぱりわがねぇでぇ。
②昨日《きな》がら、なんだが、足の裏しぇ、〝ちゃらちゃら〟、ど、しびいる、んだよ。
訳例　①おどけて、おしゃべりばっかりで、さっぱりだめだよ。
②昨日から足の裏が痒いようにしびれるんだ　よ。
【ちゃんと】
語源／意味　／しっかり
使用例　いじまでも、ぐんじらがんじら、ど、やてねぇで、〝ちゃんと〟、たのむでぇ。
訳例　いつまでも文句を言ってないで、しっかり頼むよ。
【ちゅぎ】
語源／意味　／中気、
使用例　となりのじっこ、〝ちゅぎ〟、あだたど。
訳例　隣の爺さん脳梗塞になったんだって。
【ちょす／ちょへ】
語源／意味　／いじる・いじれ
使用例　猫《ねこ》だて、あまり、〝ちょさいれば〟、んにゃ、なんでぇ。
訳例　ねこだって、あまりいじられると嫌なんだよ。
【ちょうへ】
語源／意味　徴兵／兵隊
使用例　本家でぁ、兄どぉ、おんじ、どぉ、〝ちょうへ〟、に、とらいだど。
訳例　本家では、兄と弟が徴兵に行ったんだって。
【ちょっとごま】
語源／意味　一寸小間／少しの間
使用例　〝ちょっとごま〟、待《ま》じでで、けろて、へってるべぇ！
訳例　少しの間、待って、と言ってだろう！

【ちりぽり】

語源／意味　／少しずつ

使用例　ばばがら、もらた、まっこぁ、〝ちりぽり〟、ど、なぐなてしまた。

訳例　婆さんから、もらったお年玉が、少しづつなくなってしまった。

【ちんけ】

語源／意味　／背の低い、小さい

使用例　あの、〝ちんけ〟、の、なりの、わりに、じょっぱりでしぇな。

訳例　あいつは、身体が小さいのに頑固でね。

つ

【つぐ】

語源／意味　注ぐ　接ぐ／①飲み物を注ぐ　②骨をつなぐ。

使用例　①酒っこてなぁ、てめぇで、〝つぐ〟、もんで、ねぇんだ。

②童た頃、骨おたどぎ、せがり、で骨、〝ついで〟、もらたのや。

訳例　①自分で注ぐもんじゃないよ。

②子供の頃、骨折をした時、せがりで治してもらったんだ。

【つがいる】

語源／意味　／（飲み物を）注がれる

使用例　のめねぇのさ、飲め、飲めって、〝つがいる〟、のや。

訳例　飲めないのに、飲め、飲めって、注がれるんだ。

【つけぇ―っこ】

語源／意味　／知らせ

使用例　〝つけぇ―っこ〟、来たおだば、行がねば、ねぇんだ。

訳例　知らせが来たのなら、行かないといけないよ。

【つっかげ】

語源／意味　／サンダル、下駄

使用例　ぐれっど、いがいだどごで、婆ぁ、〝つっかげ〟、で、ぼっかげだのや。

訳例　ぷいと出て行ったので、婆さんが下駄で追いかけたんだ。

【つっとす】

語源／意味　突通す／突き通す

使用例　それど、まどめで、〝**つっとし**〟てけぇれ。

訳例　それらを、まとめて突き通してくれ。

【つっぱり】

語源／意味　突張／つっかい棒

使用例　〝**つっぱり**〟っこ、びんと、かって、戸ぁ、あがねぇいに、したおんだ。

訳例　つっかい棒をしっかりして、戸が開かないようにしたんだ。

【つなふぱり】

語源／意味　綱引張／綱引き

使用例　運動会《うんどかい》でしゃ、〝**つなふぱり**〟、やたどごでぇ、俺《おら》方《ほぁ》、なもかも強がったのや。

訳例　運動会で綱引きをやったら、うちの方がとても、強かったんだ。

【づの】

語源／意味　　／釣り糸

使用例　あんまり、大きがたかいで、〝**づの**〟、切らいだのや。

訳例　大きかったみたいで、釣り糸を切られたんだ。

【つまじる】

語源／意味　／つまんで食べる

使用例　「腹へたべぇ」「何も、あちこち、〝**つまじて**〟、まじでらぁ」

訳例　「お腹がすいたでしょう。」「何も、いろいろつまみ食いしながら、まってたよ。」

【つむぐす】

語源／意味　／ギリギリの限界まで我慢をしての失禁

使用例　我慢して、らっけ、ども、家の前で、〝**つむぐして**〟、しまったのや。

訳例　我慢していたんだけど、家の前で、漏れてしまったよ。

【つら（に）】

語源／意味　／〜だろうに

使用例　うんにゃ、ばがくしぇ、〝**つら**〟、にな。

訳例　いやぁ、ばかくさかったろうにな。

【つらつぎ】

語源／意味　／悪意を持った表情

使用例　何が、あたもだだが、〝**づらつぎ**〟、おがしがけぇ、おん。
訳例　何かあったのか、顔つきがおかしかったもの。

【つらつけねぇ】
語源／意味　／ずうずうしい、遠慮のない人（奴）
使用例　何も助《しけ》ねぇ、がた、くしぇに、〝**つらつけねぇ**〟、奴《やづ》だ！
訳例　何も手伝ってくれなかったくせに、ずうずうしい、奴だ。

【づらっと】
語源／意味　／平気な、平静を装う
使用例　何へらいでも、〝**づらっと**〟、したもだっけ、たまげだもんだ。
訳例　何を言われても、平気な顔をしていた、驚いたよ。

て

【てぇぎ】
語源／意味　大儀／面倒、骨が折れる
使用例　「何とが頼むでぇ」「いやぁ〜、どしたもだだがなぁ、〝**てぇぎ**〟、だなぁ」
訳例　「何とかお願いするよ」「いやぁ〜、どうしたらいいのかなぁ、大儀だなぁ」

【てぇげぇ】
語源／意味　大概／たいがい
使用例　細《こめぇ》ごどぁ、知らねぇども、〝**てぇげぇ**〟、こんたもだびょん。
訳例　細かい、事はわからないが、大概、こんなもんだと思うよ。

【でぇご】
語源／意味　大根／大根
使用例　冬、掘るいに、畑サ、〝**でぇご**〟、休めだ、どごだ。
訳例　冬の食用にするため、畑に大根を埋めたところだ。

【てぇこじぎ】

語源／意味　手乞食／不器用な手つき

使用例　〝てぇこじぎ〟、悪《わり》ぃ奴《やづ》だな～

訳例　手つきの悪い奴だなぁ。

【てぇど】

語源／意味　／技量、技術、手際

使用例　そごぁ、皆にかてぇ、見らいるどご、だたいに、〝てぇど〟、いぐ、すんでぇ。

訳例　そこは皆に見られるところだから、上手くやるんだよ。

【てぇんご】

語源／意味　／一緒、同じ、等しい

使用例　ほんたら、ちゃっこい、童ど、〝てぇんご〟なて、らいねぇんだぁで、だぁれ。

訳例　そんな小さい子どもと、一緒になっていられないんだ。

【てご】

語源／意味　／相棒、助手

使用例　一人だば、容易《よい》でねぇ、〝てご〟、付けでけれでぇ。

訳例　一人だと大変だから、手伝いをつけてくれよ。

【てしょ】

語源／意味　大将／あいつ、あのひと

使用例　〝てしょ〟、むったり、かがてら、おん、しばらぐ、見でるべ。

訳例　あいつは、頑張っているから、しばらく様子を見ていようよ。

【でっか】

語源／意味　／やけどの痕

使用例　童た頃、あんまり、あぐだいでぇ、鍋ぇ、とっくり返《げ》して、肩《かだ》サ、〝でっか〟、作った、のや。

訳例　子供の頃、きかん坊で、鍋をひっくり返してやけどしたんだ。

【でっちり】

語源／意味　／いきなり

使用例　「どごでや?」「けぇんどさ、ではたば、〝でっちり〟、いげたのしゃ」

訳例　「どこで?」「道路に出たところで、いきなり会ったのさ」

【てっか】

語源／意味　／皿鉄火：裁縫用具

使用例　こがぁ、かでたいに、〝**てっか**〟、で、針のあたま、押ちけるのしぇ。
訳例　ここは堅いから、皿鉄火で針の頭を押すんだよ。

【てっぱじわん】
語源／意味　鉄鉢椀／塗りの大どんぶり
使用例　塗りのしぇ、一升へぇる、〝**てっぱじわん**〟、さ、つがいるのやぁ。
訳例　塗の一升どんぶりに注がれるんだ。

【でっぱり】
語源／意味　／勢いよくぶちまける
使用例　あんまり、泡食《あわく》たどごでぇ、銚子ッコ、盆もじら、〝**でっぱり**〟、やてしまた、おんだ。
訳例　あんまりあわてて、お銚子を盆ごとひっくり返してしまったんだ。

【ではた】
語源／意味　／出た、出てきた
使用例　俺ぇこっちがら、おちけるたいに、がぁ、そごで、見で、〝**ではた**〟、ら、おしぇろ。
訳例　俺はこっちから押すから、そこで見て、出てきたら教えろ。

【ではれ】
語源／意味　／出てこい、出ろ
使用例　さあ、やれぇ！、がども、〝**ではれ**〟。
訳例　さあやるぞ！お前達も出てこい。

【てぼっけ】
語源／意味　／不器用
使用例　なり、だば、大きども、〝**てぼっけ**〟でしゃ。
訳例　身体は大きいけど、不器用でね。

【てまーかぐ】
語源／意味　／手間賃をつける
使用例　〝**てまーかぐ**〟、たいに、何とがたのむスでぇ。
訳例　手間賃を払うから、何とか頼みます。

【てまだれ】
語源／意味　／手間をかける
使用例　あやあや、〝**てまだれ**〟さへだ、なぁ。
訳例　おやおや、難儀をかけてしまったなあ。

【てめぇかぶり】
語源／意味　／誤って自分で水などをかぶってしまうこと。
使用例　張り切ってやってらっけぇ、ブッ転んだ拍子に、肥オゲ、どわり、〝**てめぇかぶり**〟、したっけど。

訳例　仕方《しかだ》ねぇなぁ。
張り切ってやっていたんだけど、転んだ拍子に、肥桶、ドバっと自分で被ってしまったんだって。
仕方ないね。

【でろっと】
語源／意味　／全て、さらけ出す
使用例　〝でろっと〟、服《ふぐ》、たくて、見へだっけ。
訳例　べろっと、シャツをめくって見せたっけ。

【でらでら（ど）】
語源／意味　／凍って滑る路面の表現
使用例　けぇんど、〝でらでらど〟、凍《し》みでらっけぇ。
訳例　道路が、ピカピカに凍っていたよ。

【でらぼんじ】
語源／意味　／①はげ頭、坊主刈り　②何もない様
使用例　①しばらぐ見ねぇ、うぢに、はァ、〝でらぼんじ〟になってらっけど。
②杉の苗《ねぇ》っこば、刈《か》なよ、て言《へ》ったべしぁ、なして、〝でらぼんじ〟、にしたのやぁ！
訳例　①しばらく見ないうちに、つるっぱげになっていたそうだ。
②杉の苗は刈るなよって言ったのに、どうしてみんな刈ってしまったんだ！

【…でば！】
語源／意味　／…だってば！
使用例　まじで、けろ、〝でば〟。
訳例　待ってくれよ。

【でわ】
語源／意味　／前の方、前端
使用例　ボナだぁ、家《え》の林の沢側の、〝でわ〟、サ、じゃっくり、おがってらっけ。
訳例　ボンナが家の林の沢側の斜面に一杯、出ていたんだ。

【てぇんご】
語源／意味　／一緒に
使用例　がぁ、だて、いぢまんでぇも、童《わらし》コど、〝てんご〟、なて、遊んでらいねぇんでぇ。
訳例　お前だって、いつまでも子供達と一緒になって遊んでいられないんだよ。

【でんがら―がん】
語源／意味　／表面が固く凍って光り輝く様

使用例　街道《けんど》ぁ、凍《し》みで、〝**でんがら―がん**〟、ど、なって
らっけ。

訳例　道路がピッカピッカに固く凍っていたよ。

【でんが―でんが】

語源／意味　／凍って路面が輝く様

使用例　街道《けんど》ぁ、〝**でんが―でんが**〟ど、凍《し》みで　らっけ。

訳例　道路がピカピカに固く凍っていたよ。

【てんど】

語源／意味　／技術、技

使用例　皆かだて、見でらんでぇ、がぁの、〝**てんど**〟、出《だ》
へ、〝**てんど**〟。

訳例　皆が見てるから、お前の技術を見せてやれ。

【でんび（おでぇび）】

語源／意味　／額

使用例　どした、もだだが、〝**おでぇび**〟サ、わったり、
ぶつかった、けぇど。

訳例　どうしたものなのか、額にガツンとぶつかったたん
だって。

と

【…ど】

語源／意味　／①…だそうだと強調の表現　②複数のもの
を指す語

使用例　①そう、言《へ》ったば、あいふに、へらいだ、〝**ど**〟。
②あれぇ、〝**ど**〟、さば、かもねぇんだ。

訳例　①そう言ったら、あんなふうに言われたんだって
よ。
②あいつらには、かまわないんだ。

【〜どがんす】

語源／意味　／〜でしょうか

使用例　お前ぇ家《え》で、あらぐれぇかぎ、終わった、〝**どが
んす**〟。

訳例　お宅では、起耕は終わりましたか？

【とぐち】

語源／意味　戸口／家　部屋の入口

使用例　〝**とぐち**〟サ、、じょんと、立ってらのや。

訳例　入口に突っ立っていたんだ。

【とくとく（―どなる）】

語源／意味　／うんざり、精神的に参ってしまった様子

使用例　あれど、に、かて、おれもなも、〝**とくとく**〟ど、なったのや。

訳例　あいつらのせいで、俺も困ってしまったんだ。

【とけす】

語源／意味　取返す／取り返す

使用例　「あいにかて、とらいだってが?」「どぉら、おれぇ、〝**とけして**〟けら」

訳例　「あいつに盗られた?」「俺が取り返してやるから」。

【とけらん（と）】

語源／意味　／ポカンとした表情

使用例　あわくて、声かげだども、まだ、〝**とけらん**〟ど、してらっけ、おんな。

訳例　慌てて声をかけたけど、まだぽかんとしていたよ。

【どごだり】

語源／意味　／場違い、見当違いのところ

使用例　なんぼ、あっこだって、おしぇでも、〝**どごだり**〟、見でろん、だぉん。

訳例　あそこだと教えても、違うところを見ているのだもの。

【どしたどんす】

語源／意味　／ごめんください

使用例　〝**どしたどんス**〟、あな、いだ、どがんす。

訳例　ごめんください。とうさん、いますか。

【としょる】

語源／意味　年寄る／年を取る

使用例　がぁも、〝**としょれば**〟、こんたら、じゃま、なるおだでぇ。

訳例　お前も年を取るとこんなざまになるんだ。

【どじ―ぬげる】

語源／意味　／①我を忘れた酪酊状態　②脱肛

使用例　①あんまり飲んで〝**どじ―ぬげだ**〟、おんだ、ど。
②あまり、力《ちから》へねぇねんだ、〝**どじ―ぬげれ**〟。

訳例　①あんまり飲んで、酪酊状態になったんだと。
②あんまり力を入れると脱肛になるよ。

【どだずごどね／どだじごどね】

語源／意味　／どうってことはない

使用例　「大変であったべ」「なんも、あのぶっこ、〝**どだ**

訳例　〝ずごだぁね〟!、でぇ」

「大変だったろう」「何も、あのくらいなら軽いもんだよ」

【とっくりげぇる／とっくりげぇす】

語源／意味　／ひっくり返る

使用例　滑《すべ》て、箱もんじら、〝どっくりげぇる〟、どご、であったけど。

訳例　滑って、箱ごとひっくり返るところだったそうだ。

【とっくりげった】

語源／意味　／ひっくり返った

使用例　滑《すべ》て、だんがり、〝どっくりげった〟、のや。

訳例　滑って、ずでんとひっくり返ったんだ。

【とっける】

語源／意味　取り替える／取り替える

使用例　あだらし、ど、えげての、ど、〝どっけらいだ〟のや、うしゃらしぐね、ごど。

訳例　新品と古くなったものを替えられたんだ、はらのたつこと。

【どっちが―かっちが】

語源／意味　／どちらか一方

使用例　皆だばわがねぇ、〝どっちが―かっちが〟、選ぶんだでぇ。

訳例　全部はだめだ、どちらか一つを選ぶんだ。

【とっちゃげる】

語源／意味　取り上げる／（鍋から）すくい上げる

使用例　煮えだ頃だ、そろそろ鍋がら、〝どっちゃげ〟、でけろ。

訳例　煮えた頃だから取り上げてくれ。

【どっちゃだり／どっちだり】

語源／意味　／どちらでも（いい）

使用例　「どっちさや?」「〝どっちゃだり〟、やって、けぇろ」

訳例　「どっちに」、「どこでもいいからやってくれ」

【とっつぐ】

語源／意味　取りつく／とりかかる

使用例　さぁ、まま、食ったたし、続きさ、〝とっつぐ〟、べがな。

訳例　食事も終わったから、続きに取り掛かるかな。

【どっとはらい／どっとはれぇ】

語源／意味　／おとぎ話の呪文・お終い・めでたし、めでたし。
使用例　…皆、仲よぐ、なったけど、〝どっとはれェ〟。
訳例　…皆仲良くなったって、お終い。…皆、仲良くなったって、めでたし、めでたし。

【とでぇ】
語源／意味　／小作料
使用例　こごらの、ふたぁだ、皆、小作だたいに、〝**とでぇ**〟、払てらのや。
訳例　ここいらの人たちは皆、小作人だったから、小作料を払っていたんだ。

【どでん】
語源／意味　動転／驚く、気持ちが動転すること
使用例　外《そど》さ出はたば、でっちり、いげたどごで、婆《ばば》ァ、〝**どでん**〟、して、腰抜がした、のしゃ。
訳例　外に出たら、いきなり出会ったので、婆さんが驚いて腰を抜かしたんだ。

【とど】
語源／意味　／父親
使用例　いいってへるもだが、〝**とど**〟、さも聞いで、みだりが。
訳例　いいって言うのか、父さんにも聞いてみるんだ。

【どどめぎ】
語源／意味　／沢水の急に水の落ちるところ
使用例　〝**どどめぎ**〟、サ、落じれば、あだぁ、浮いでこねぇって、いわれだもんだ。
訳例　急流の滝壺に落ちれば、あとは浮いてこないって言われたもんだ。

【とどりかっぺ（ねぇ）】
語源／意味　／つかみどころの無い、落ち着きのない
使用例　なんぼが、面白《もしろ》がったもだだが、うずげでしまて、〝**とどりかぺ**〟、ねぐなて、らっけ。
訳例　とっても面白かったみたいで、浮かれてしまって、人の話も聞けなくなっていた。

【どへ（こ）】
語源／意味　／窪み、凹み
使用例　気つけるんでぇ、て、へってらんだ、ども、〝**どへっこ**〟、サ、はまたのや。
訳例　気を付けるように言ってたのに、窪みにはまってしまったんだ。

【とぱどがす】

語源／意味　／ひっくり返す

使用例　ほにほに、どでんして、みんな、〝**とぱどがして**〟、しまたんだどや。

訳例　いやぁ～びっくりして、全部ひっくり返してしまったんだって。

【ど～まだ】

語源／意味　／当然、当たり前

使用例　「あれぇ、悪りぃがたて、わびでらっけ」「〝**ど～まだ**〟、じょぱろおだ、おの」

訳例　「あいつが、悪かったって謝っていたよ」「当然だ、強情はるんだもの。」

【…ども／…どもス】

語源／意味　／①…だけども　②…なんですが（敬語）

使用例　①昨日《きな》、だば、行げる、て、言《へ》た、〝**ども**〟。
②昨日《きな》、だば、行げる、て、言《へ》た、〝**どもス**〟。

訳例　①昨日だったら行けるって言ったけど。
②昨日だったら行けるって言ったんですが。

【とりける】

語源／意味　／片づける、寄せる

使用例　そんたに、ちらがしてねぇんで、なんぼが、〝**とりける**〟、んだでぇ。

訳例　そんなに散らかしていないで、少しは片付けたら。

【どわり】

語源／意味　／ぶちまける

使用例　そごらさ、〝**どわり**〟、やてけれどや。

訳例　その辺にぶちまけてくれってよ。

【どわっ―と】

語源／意味　／勢いよくぶちまける様

使用例　そんたに、までっこ、でなくてもいいたいに、〝**どわっ―と**〟、やてけれ。

訳例　そんなに丁寧でなくていいから、勢いよくやってくれ。

【どんずぎ】

語源／意味　どん突き／建物の地盤の地固め用具、または動作

使用例　石でもつめぇで、〝**どんずぎ**〟、で、のっちのっち、ど、やてけろ。

訳例　石でも詰めて、どん突きで、どしんどしんと突いてくれ。

【どんだり―こんだり】

語源／意味　／いい加減なこと、一貫性がないこと

使用例　口《くち》では、いいごどばり、しぇべてるども、やてるごどぁ、〝どんだり―こんだり〟、だおん。

訳例　口では良いこと言ってるが、やっていることはいい加減だもの。

【どんころ】

語源／意味　／丸太、丸くごろりとしたもの

使用例　杉の、〝どんころ〟、ごろごろど、転がすのや。

訳例　杉丸太ゴロゴロ転がすのさ。

な

【ながちろい】

語源／意味　／長細い

使用例　しまコさ、たてら、〝ながちろい〟、のや。

訳例　端の方に立っている細長いのだ。

【ながど】

語源／意味　仲人／仲人

使用例　〝ながど〟、たのまいでけぇねぇすべぇが。

訳例　仲人を頼まれてくれませんか。

【ながら―ばんば】

語源／意味　中婆／若い方の婆さん

使用例　家《え》っこの、〝ながら―ばんば〟、いい人でぇ、しゃ、童たころぁ、お菓子《がし》コもらた、もんだ、んだ。

訳例　分家の、若い方のばあちゃんは、いい人で、子供の頃はお菓子を貰ったもんだ。

【なぎぃつめ】

語源／意味　泣き爪／負けを認めずなりふり構わずに食い下がる様

使用例　そいでも違《ちが》るど、て、〝なぎぃつめ〟、はだげで、おいのどごさ、えたえたど、来たおんだ。

訳例　それでも違うって、俺のところにも歩いて来て強情を張って認めないんだ。

【なげっち】

語源／意味　／泣き虫

使用例　〝なげっち〟〝ごんぼ掘り〟、家《え》サ行ってママ喰《け》ェ〜、

まだジャッチャあぶィねぇ～（子供同士のはやし言葉）

訳例　〝なげっち、ごんぼ掘り！〟家に帰ってご飯食べたら。まだ（おかずの）魚は焼けていないよ。

【なげべっちょ】

語源／意味　泣きべそ／泣きべそ

使用例　お～あのシマこ、さばり、えだ、〝**なげべっちょ**〟、な。

訳例　ああ、いつも端っこにいた、泣きべそか。

【なじぎ】

語源／意味　／ひたい

使用例　ほ～、〝**なじぎ**〟、広いごど。爺サ似で、頭《あだま》いったらだども、禿げるオンだ、だがな。

訳例　額が広いな、爺さんに似て、頭はよさそうだが、禿げるのかな。

【なべもじ】

語源／意味　鍋餅／おはぎ

使用例　彼岸だたいに、ばば、〝**なべもじ**〟、作って、けだおんだ。

訳例　彼岸だから、婆さんがおはぎを作ってくれたんだ。

【なもかも】

語源／意味　なにもかにも／とっても、非常に

使用例　兄だぁ徴兵にとらいだ、どごでぇ、婆だぁ、稼ぇぐのぁ、いねたいに、〝**なもかも**〟、困たのや。

訳例　兄達が徴兵にとられて、働ける人がいなくなり、婆さんたちはとっても困ったんだ。

【なめくる／なめじる】

語源／意味　／なめまわす

使用例　あんこぁ、なんぼが、めぇど思っただが、茶碗もじら、〝**なめくって**〟、らっけ。

訳例　兄ちゃんはとっても旨いと思ったようで、茶碗ごとなめていたっけ。

【なり】

語源／意味　／恰好、姿、体格

使用例　あの、〝**なり**〟、して、犬コおかねぇんだど。

訳例　あの体格して、犬が怖いんだって

【なんばん】

語源／意味　南蛮／唐辛子

使用例　ナンバンの辛味な、爺様だば、なんぼ辛ぇてもいいって、へる、びょん。

訳例　唐辛子の辛味だったら、爺さんはいくら辛くても大丈夫っていうと思うよ。

【なんぼ—したって】

語源／意味　／どうしても

使用例　オレぇ、しばらぐまじだども、〝**なんぼ—したって**〟、来ねぇおんだ。

訳例　俺、しばらく待ったけど、来なかったよ。

【なんたて】

語源／意味　／どうしても

使用例　なんぼげぇりも、止めだども、〝**なんたて**〟、行ぐって、聞がねぇ、おんだおん。

訳例　何回も止めたんだけど、どうしても行くってきかないんだもの。

【なんだり—かんだり】

語源／意味　／あれやこれや、いろいろな物

使用例　「バァチャン、市日で何買て来たの～」「〝**なんだり—かんだり**〟、や」

訳例　「ばあちゃん、市日で何を買ってきたの?」「いろいろなものだ」

【なんとが】

語源／意味　／どうか、どうにかして（お願い）

使用例　兄どご、〝**なんとが**〟、ガッコ、サ、へで、やてけろ、て、婆も頼んで、けだのや。

訳例　兄をどうか学校に入れてあげて欲しいと、ばあちゃんも頼んでくれたんだ。

【なんぼが】

語源／意味　／どんなにか

使用例　〝**なんぼが**〟、難儀した、もだだが。

訳例　どんなにか、難儀したものやら。

【なんぼげぇり（も）】

語源／意味　／何回（も）

使用例　あの物売りシェ、なんぼが有難《ありがで》ぇがたおんだだが、〝**なんぼげぇり**〟、も、こまて、行ったおんだ。

訳例　あの物売りは、とっても有難かったみたいで、何度もお辞儀をして帰ったんだ。

に

【にかむ（にかまる）】

語源／意味　／①汚れる、汚れが滲む　②変形する、固まる

使用例　①そんたら、〝**にかまた**〟、ものぁ、俺だば、ブと投げるどもなぁ。

②しばらぐ、使ってる、たいに、どごが、〝**にかまて**〟ら、びょん。

訳例　①そんな汚い物は俺なら捨てるよ。

②長く使っているから、どこか変形しているかもよ。

【にっくら―かっくら】

語源／意味　／にこにこの笑い顔

使用例　いっつも、〝**にっくらかっくら**〟、ってシャ、あれぇいい奴《やづ》だ。

訳例　いつもにこにこして、あいつはいい奴だ。

【にやげる／にあげる】

語源／意味　煮上げる／茹で上げる

使用例　先《さぎ》に煮えるのがら、〝**にやげ**〟、でけろ。ボナだば、まだ、いがべおん。

訳例　先に茹で上がるものから上げてくれ、ボンナはまだだと思うよ。

ぬ

【ぬいる】

語源／意味　／濡れる

使用例　〝**ぬいで**〟、しぇ、がだがだど、震《ふる》てらおだ。

訳例　濡れて、ガタガタと震えていたんだ。

【ぬぐい】

語源／意味　／暖かい

使用例　〝**ぬぐい**〟、が?、寒《さみ》ぃぐ、ねぇが?

訳例　暖かいか?、寒くないか?

【ぬぐだまる】

語源／意味　／温まる

使用例　寒《さみ》ぃがたべ、まんず、火コサ、あだて、〝**ぬぐだまて**〟、けれぇ。

訳例　寒かったでしょう、まず、ストーブで温まってください。

【ぬさばる】

語源／意味　／甘えん坊

使用例　あれぇ、兄でしぇ、めごがらいだ、どごで、〝**ぬさばり**〟、だどご、あるだよ。

訳例　あれは、兄だから、どこかあまえているところがあるんだよ。

【ぬだぐる】

語源／意味　塗りたくる／①乱暴に塗る ②化粧をする

使用例　①粗末に、〝**ぬだぐね**〟で、やぁ、までっこに、ってしゃべらいだべぇ。

②年も年でしぇ、面中《つらじゅ》さ化粧こ、〝**ぬだごって**〟、って来たっけど。

訳例　①雑に塗らないで、丁寧にしろって言われたろ。

②年も年だから、厚化粧して来たんだって。

【ぬだばる】

語源／意味　／腹ばいに横になる

使用例　どれぇ、見でけらぁ、そごサ、〝**ぬだばる**〟、んだ！

訳例　どれ、診てあげるから、そこに、腹這いになって！

【ぬっぺり】

語源／意味　／一面に、すっぽり

使用例　朝間、起ぎだっけ、山も何も、〝**ぬっぺり**〟、雪かぶて、らっけど。

訳例　朝起きたら、山も何も一面に雪が積もっていたんだって。

【ぬぺぇ～（と）】

語源／意味　／気持ち悪く現れる様子

使用例　暗シマがら、〝**ぬぺぇ～**〟、と出《で》で、こらいだ、どごで、おいもなんも、たまげでしまった、おんだ。

訳例　暗いところから、ぬ～と出てきたから、俺もびっくりしてしまったんだ。

【ぬれっと】

語源／意味　／一面に（汚す）

使用例　「どぉしたのやぁ、ほぉの、つらぁ！」「あいにかて、〝**ぬれっと**〟、〝**ぬだごらいだ**〟、のやぁ。

訳例　「どうしたんだそのの顔」「あいつに、一面に塗りたくられたんだ。

ね

【ねぇご】

語源／意味　／①猫　②荷物を背負うときの背当て　③荷物搬用の手押しの一輪車

使用例　①〝**ねぇごぁ**〟、ねっからまって、やんでぇ、えのふとだって、わがてるかいでぇ、な。

②束《たんばぁ》、大っきぐなるだがら、ビンと、〝**ねぇご**〟、サ、ゆつけで、しまるんだ。

③〝**ねぇご**〟、さ、つければ、えとごまに、しまるんだでぇ。

訳例　①猫が甘えてきて、猫なりに家の人だと分かるようで。

②束が大きくなるから、しっかりと背負子に括り付けてしまうんだ。

③一輪車をつかえばすぐに終わるよ。

【ねぇで】

語源／意味　／羨ましい

使用例　これぇ、買てもらたおん、いがべぇ～、〝**ねぇで**〟、べぇ～

訳例　これ買ってもらったんだ。いいだろう、うらやましいだろ～

【ねぎっぱな】

語源／意味　／青っ鼻

使用例　むがしの童だぁ、みんな、〝**ねぎっぱな**〟、ふたらして、袖でふいだ、のや。

訳例　昔の子供たちは皆、あおっぱなを垂らして、袖で拭いたんだ。

【ねしぇる】

語源／意味　寝せる／横にする

使用例　そごサ、しんじがに、〝**ねせぇで**〟、やてけろ。

訳例　そこに、静かに横にしてあげてくれ。

【ねっからまる】

語源／意味　／甘える、甘えてまとわりつく

使用例　ねごしぇ、俺帰たば、ぬさばて、〝**ねっからまて**〟、

しゃ。

訳例　猫がね、俺が来たら甘えて、まとわりつくんだ。

【ねっぱかぱ】

意味　／ねばねば、指に糊などが付いた時の描写

使用例　あの糊コ、わんずが手コさついだばりだっけ、いずまんでも、指コ〝**ねっぱかぱ**〟だでぇ

訳例　あの糊が、ちょっと指についただけでいつまでも、ネバネバなんだよ。

【ねちくち（ど）】

語源／意味　／ネチネチ、しつこい追及

使用例　あれしぇな、〝**ねちくち**〟ど、いづまでもしゃべてるおんな。

訳例　あいつはね、いつまでもネチネチと話しているものな。

【ねほいる】

語源／意味　／寝坊、寝過ごす

使用例　もうさげねす、〝**ねほいで**〟、しまたんす。

訳例　申し訳ありません。寝坊しまいました。

【ねぷかげ】

語源／意味　／うつらうつらと半分寝ている様子

使用例　ふとぁ、しぇっかぐ、教《おしぇ》で、けでらものさ、〝**ねぷかげ**〟、こいでるものぁ、いるてがぁ！

訳例　俺がせっかく教えてあげているのに、居眠りしているのかぁ！

【ねまれ】

語源／意味　／座れ

使用例　まんず、そごさ、〝**ねまれ**〟、でば。

訳例　まず、そこに座れってば。

【ねまる】

語源／意味　／座る

使用例　たじやま、やてねで、まず、〝**ねまる**〟、べ。

訳例　突っ立っていないで、まず座ろうか。

【ねんちくれ】

語源／意味　／へそ曲がり、まっすぐでない、グニャグニャ

使用例　あのジサマにかて、あのこれぇの、〝**ねんつくれ**〟、見だごどねな。

訳例　あの爺様は、あれくらいのへそ曲がりは見たことないな。

の

【のさばる】

語源／意味　／甘ったれる

使用例　ジサマ、めごがる、たいに、〝**のさばて**〟、おがたおだ、びょん。

訳例　爺さんが可愛がるから、甘ったれて育ったのだろう。

【のさる】

語源／意味　／乗る、またがる

使用例　「〝**のさる**〟、が〜」「おぉ、〝**のさる、のさる**〟」

訳例　「乗るのか〜」「おお、乗る、乗る」

【のっこり】

語源／意味　／沢山、一杯

使用例　となりの爺さま山サ、行ったどて、サモダシ、〝**のっこり**〟、持て来て、けだのしぇ。

訳例　隣の爺さん山に行ってきたって、サモダシを一杯持ってきてくれたんだ。

【のっち―のっち】

語源／意味　／重そうに連続して

使用例　朝間っから、〝**のっち―のっち**〟、ど、雪《ゆぎ》ぁ、ふてらけ、おな。

訳例　朝から、重そうな雪が、降り続いていたもんな。

【のっちり】

語源／意味　／沢山、重たい

使用例　タゲノゴしぇ、まだ、入《へ》るど思て、〝**のっちり**〟、ど、詰めだ、どごでぇ、重《も》でくて難儀したのや、な。

訳例　タケノコがまだ入ると思って、ぎゅうぎゅうに詰めてしまったから、重くて難儀したんだ。

【のちめがす】

語源／意味　／徹底的に（やっつける）

使用例　皆かだって、〝**のちめがした**〟、けど。

訳例　皆に、徹底的にやられたんだと。

【のへらん】

語源／意味　／気にしない、身に沁みない、平静

使用例　何しゃべらいでも、〝**のへらん**〟、ど、したもんだっけでぇ。

訳例　何を言われても、気にしていない様子だったよ。

【のめ】

語源／意味　／まぶたにできる腫物

使用例　左のまなぐぶじ、サ、〝のめ〟、つぐたどごで、なもかも、やばちね、がたびょん。

訳例　左のまぶたに腫物が出来て、とっても違和感があったと思うよ。

【のんのど】

語源／意味　／勢いよく

使用例　薪《まぎ》にす木、けるったっけ、婆ど、二人かだて、〝のんの〟、ど、くばてしまたけど。まんず、かしぇげる、もんだ。

訳例　薪にする木をあげるって言ったら、婆さんと二人でモリモリと運んでしまったんだって。随分働けるもんだな。

は

【はかはか（する）／はかめぐ】

語源／意味　／心配（する）

使用例　おれぇ、こごで、一人《ふとり》こ、〝はかはか〟、してら、おんでぇ。

訳例　俺はここで、ずいぶん心配していたんだよ。

【ばがけぇ】

語源／意味　／馬鹿者

使用例　ふと、どごぉ、〝ばがけぇ〟、にすなぁ、でぇ！

訳例　俺の事を馬鹿にするなよ！

【ばがくしぇ】

語源／意味　馬鹿臭い／大儀、面倒くさい

使用例　あのこれぇ、しゃべらいだっけぇ、なんだが、〝ばがくしぇ〟、ぐなった。

訳例　あんなにしゃべられたら、何だか面倒くさくなった。

【はがどご】
語源／意味　／墓場
使用例　彼岸来るんだがら、〝はがどご〟、掃除して、おぐんでぇ。
訳例　彼岸が来るから墓掃除をしておくんだよ。

【はぎ】
語源／意味　箒／ほうき
使用例　兄しぇ、早ぐ起ぎで、〝はぎ〟、で庭はいで、けろおだ。
訳例　兄がね、早く起きて、箒で庭を掃いてくれるんだ。

【はさご】
語源／意味　／稲を干す杉丸太
使用例　がぁども、〝はさご〟、一本でも、ええんだ、がら、かぢで、助るんでぇ。
訳例　お前達も、ハサ運びの手伝いするんだよ。

【はじぐ】
語源／意味　／選り分けて外す
使用例　餡コつぐるがら、えげぇてぇ、豆、〝はじぐ〟、んでぇ。
訳例　餅を作るから、悪い豆の選別しておくんだよ。

【はしりじぇっこ】
語源／意味　／駆けっこ、走り比べ
使用例　がぁだぁ、ふとの家の、げぇぐりでねぇぐ、〝はしりじぇっこ〟、だら、広いどごで、やるんだでぇ。
訳例　お前達、人の家の周りではなく、走り競争なら広いところでやるんだ。

【はしりめぇ】
語源／意味　走り前／台所
使用例　〝はしりめぇ〟、でぇ、のへらん、て、やってねぇんだ。邪魔なるんでぇ。
訳例　台所でぼ〜っと突っ立っているもんじゃないよ。邪魔になるんだよ。

【はだ】
語源／意味　／親
使用例　あの、仔っこグマ、そばコさ、〝はだ〟、いだおだ、どもな。
訳例　あの仔グマの近くには、母グマがいたはずだけどな。

【はだがべご】
語源／意味　／①鞍のない牛　②裸でいる子供の様

使用例　①童たころぁ、きかねくて、〝**はだがべご**〟、さ、のた、ごど、も、あるじ。

訳例　子供の頃はきかん坊で、鞍のない牛に乗ったこともあるんだって。

【**はたぎ**】

語源／意味　／バッタ

使用例　おら、童た頃しぇ、田サ〝**はたぎ**〟ど、一杯《いっぺ》、いだもだっけな、どごさいたもだだがな。

訳例　俺の子供の頃には、畑にバッタがいたもんだが、どこに行ったのだろうな。

【**はちゃがる**】

語源／意味　跳ね上る／①跳ね上がる　②反抗的、素直でない

使用例　①鎚《つち》でわったりやたば、〝**はっちゃがて**〟、来たのや。

②しぐに、〝**はちゃがる**〟のぁ、あい、の、しじくせぇ、だおや。

訳例　①金鎚で叩いたら、跳ねあがってきたんだ。

②直ぐに反抗的な態度になるのはあいつの癖だものな。

【**はっから**】

語源／意味　／こんなに早くから

使用例　〝**はっから**〟、行ぐてがぁ、まだ、まま炊げねぇや。

訳例　こんなに早くに行くのか、まだご飯が炊けていないよ。

【**はっち**】

語源／意味　／右と左が揃っていない、かたちんば

使用例　あんこ、しぇ、じょっちょ、ど、ゲダァ、どしぇ、〝**はっち**〟、にはいでぇ、来たおんだっけど。

訳例　長男坊が、靴と下駄を片側づつ履いて出て来たんだって。

【**ばっち**】

語源／意味　／末っ子

使用例　本家の、〝**ばっち**〟、学校出だら、東京サ、行ぐどや。

訳例　本家の末っ子は、学校を卒業したら、東京に行くんだってよ。

【**ばっけ**】

語源／意味　／フキノトウ

使用例　たもで、の縁コさ、〝**ばっけ**〟、おがてら、けど。

訳例　田表での道の縁にフキノトウが生えているってよ。

【ばっしゅ】

語源／意味　／婆さん

使用例　〝**ばっしゅ**〟、にかて、わがねぇ、って、しゃべらいだべ！

訳例　婆さんに、駄目だよっていわれたろ。

【はっぱじらがす】

語源／意味　／ひどくものを投げ散らかす状態

使用例　はぎじのしぇ、〝**はっぱじらがさねぇで**〟、静《しじ》がにに、動がすもんだんだ。

訳例　箒というものは、乱暴に動かさないで、静かに動かすもんだよ。

【ばっぽ】

語源／意味　／（幼児を）背中に背負うこと、おんぶ

使用例　じっちゃんが、〝**ばっぽ**〟、してけろがなぁ。

訳例　じっちゃんが、おんぶしてあげようかな。

【はなごど】

語源／意味　／いびき

使用例　さっと横なたバ、〝**はなごど**〟、始まったけおんな。

訳例　横になったら、すぐにいびきを立てていたもんな。

【はなつらもど】

語源／意味　／鼻面元／顔のすぐそば

使用例　ふとの、〝**鼻面もど**〟、で、もの、ふるまさねぇで、けれ！

訳例　俺の顔の傍でものを振り回さないでくれ。

【はなこび】

語源／意味　／鼻くそ、鼻の周りのひどい汚れ

使用例　えばてらけども、〝**はなこび**〟、付けだ、ままだたいに、どごやら、締まねぇのやな。

訳例　威張っているけど、鼻の周りに何かつけているから、何だか締まらなくてね。

【はまる】

語源／意味　／①ピッタリ合う　②差し出口　③仲間に入る。

使用例　①測ったいに、ぴったり、〝**はまった**〟、っけ。

②ふとの話、何さでも、〝**はまる**〟、もんでぇねぇ。

③誘わいでぇ、おいも〝**はまた**〟、のやぁ。

訳例　①測ったようにピッタリはまったっけ。

②人の話に何でも、はまるもんではないよ。

③誘われて俺も加わったんだ。

【ばやらっと】

語源／意味　／①物を整理しないで置く様　②大雑把、浅くて詳細を欠く説明

使用例　①片付げもさねぇでぇ、そごらさ、〝ばやらっと〟、置いだのや。

②ふとがら、〝ばやらっと〟、聞いだばりだぁ。

訳例　①片づけもしないで、その辺にポンと置いたんだ。

②人から大雑把に聞いただけなんだ。

【はねまる】

語源／意味　跳ね回る／遊ぶ子どもが跳ね回って遊ぶ様子

使用例　わしゃど、〝はねまる〟、にかてな。

訳例　子供たちが跳ね回って遊ぶからな。

【はばぎぬぎ】

語源／意味　／旅行終了時の打ち上げの慰労会

使用例　明日五時がら両国で、〝はばぎぬぎ〟、だど。

訳例　明日の五時から両国で慰労会をやるって。

【はばげる】

語源／意味　／喉につかえる

使用例　あまり、かっぽげば、〝はばげる〟、んでぇ！

訳例　あまり急いで掻きこむと、喉につかえるよ。

【はらおっき】

語源／意味　／妊婦

使用例　あっこの家サ、〝はらおっき〟、いだごでぇ。

訳例　あそこの家に、妊婦さんがいたと思うよ。

【はらちぇ】

語源／意味　／腹一杯

使用例　一杯《いっぺぇ》、御馳走《ごっちょ》なて、〝はらちぇ〟、ぐ、なったんす。

訳例　いっぱいご馳走になって、お腹が一杯になりました。

【はらちぇ―がる】

語源／意味　／腹一杯の様子・億劫がる仕草

使用例　〝はらちぇ―がて〟、なんぼ、たのでも、おて、へね、おだ。

訳例　困ってないから、いくら頼んでも、うんて言わないんだ。

【はらべぇ】

語源／意味　腹按配／腹の按配、精神的怒りの目安

使用例　あまり、ぐんじらもんじらど、かだらいだ、どごで、おいもなんも、〝はらべぇ〟、わるぐなてしゃー

訳例　あまりくどくどと言うから、俺も腹が立ってきた

んだ。

【はんかくしぇ】

語源／意味　／はんか臭い／相手を馬鹿にする表現

使用例　そんたらごども、しらねぇてが、じんぶ、〝はんかくしぇ〟、もだな。

訳例　そんなことも知らないのか、随分、間抜けだな。

【ばんがり】

語源／意味　／力を込めて相手をたたくさま、または音

使用例　あんまり、ししける、たいに、〝ばんがり〟、やらいだ、おだど。

訳例　あんまりからかうから、力一杯叩かれたんだって。

【はんぎり】

語源／意味　／半切／通常の桶を縦半分に切ったような桶またはそのような容器

使用例　小屋さ、えて、〝はんぎり〟、めけで、来てけぇろ。

訳例　小屋に行って浅い木桶を持ってきてちょうだい。

【はんけ】

語源／意味　／頭

使用例　〝はんけ〟、ぶつけねぇいに、気ぃ付けるんでぇ。

訳例　頭をぶつけないように、気をつけるんだよ。

【ばんげ】

語源／意味　／夜、今晩、夜間

使用例　〝ばんげ〟、なても、もどねぇば、見に行がねばなねぇべな。

訳例　夜になっても戻ってこなかったら、見に行かないといけないな。

【はんでぇ】

語源／意味　飯台／食卓

使用例　さぁ、まま、食うたいに、〝はんでぇ〟、拭いでけぇろ。

訳例　さあ、ご飯を食べるからテーブルを拭いて。

【はんぶ】

語源／意味　／崖、急斜面

使用例　〝はんぶ〟サ、ごんど、投げで来てけれド。

訳例　ガケにごみを捨ててきてくれって。

【ばんわり】

語源／意味　番割り／割り振り、役割当番

使用例　誰ぇ、どごさ行ぐが、ちゃんと、〝ばんわり〟、決めでけれでぇ。

訳例　誰がどこに行くのか、しっかり割振りしてくれよ。

【はんぷかげ】

語源／意味　半分欠け／片割れ

使用例　おいさも、けれぇ、て、へたば、もってねぇ、がたべども、〝**はんぷかげ**〟、けでよごした、おんだ。

訳例　俺にもくれって言ったら、もったいなかったろうけど、手の付いたのをくれたんだ。

ひ

【びがびが】

語源／意味　明るく明滅／鋭利な刃物の輝き

使用例　爺さま砥いだ、ナガサしぇ、まんだ、〝**びがびが**〟、ど光ってれぇ。

訳例　爺さまが砥いだナガサは、まだピカピカと光っているよ。

【びがめぐ】

語源／意味　／明るく明滅する、鋭利な刃物の輝き

使用例　さっぱり、砥いで、ねぇんどもがしら、まだ、〝**びがめで**〟、れぇ。

訳例　しばらく砥いでいないけど、まだギラギラと光って切れそうだよ。

【びしゃ―かげる】

語源／意味　／追い打ちをかけるような言葉

使用例　あいだって、わがてるがら、〝**びしゃ―かげな**〟よ！

訳例　あいつだってわかっているんだから、追い打ちをかける言い方をするなよ。

【ひじゃ―かぶ】

語源／意味　膝株／膝

使用例　でんがり、ぶっ転んだどごで、〝**ひじゃ―かぶ**〟から血ぃ出だ、のしぇ。

訳例　大転倒をしたら、ひざから血が出て来たんだ。

【ひやしぶり】

語源／意味　久しぶり／久しぶり

使用例　んにゃ～、〝**ひやしぶり**〟、だごど。

訳例　いやぁ～、久しぶりだこと。

【ひやぐ】

語源／意味　／柄杓

使用例　フギの葉っぱコで、〝**ひやぐ**〟、作《つぐ》って、すぐる、

のしゃ。

訳例　フキの葉で柄杓を作って、すくうんだ。

【ひょし】

語源／意味　／恥ずかしい

使用例　あやぁ〜、そいだば、おらぁ、〝**ひょし**〟、しか〜

訳例　ありゃ〜、それは恥ずかしいな〜

【びょん】

語源／意味　／…だろう、…だと思う

使用例　ほだ、〝**びょん**〟。

訳例　そうだと思う。

【びょっと】

語源／意味　／いきなり現れる様

使用例　来ねぇなぁ、ど、思ってらっけ、〝**びょっと**〟、いげぇったのや。

訳例　来ないな〜と思っていたら、いきなり現れたんだ。

【ひけぇる】

語源／意味　／手を引く、手をつなぎ助ける

使用例　爺さま、としょってしまて、手コ、〝**ひけぇて**〟、けだのや。

訳例　爺さんが年老いてしまい、手をつないで上げたんだ。

【ひじつり】

語源／意味　／肘

使用例　勢《ぃ》ぎ付けで、やたどごで、〝**ひじつり**〟、ばんがり、やて、しまたけど。

訳例　勢いを付けてやったもんだから、肘を強くぶつけたんだと。

【ひとげぇり／ふとげぇり】

語源／意味　／1回

使用例　時間に行ったども、いげぇいねがったたいに、〝**もうひとげぇり**〟、見に行ってけぇね、べが。

訳例　時間に行ったんだけど、会えなかったから、もう一回見に入ってくれないか。

【ひとげり勝負／ふとげぇり勝負】

語源／意味　／1回勝負、一気に（決着をつける）

使用例　やい、じゃんけんの、〝**ひとげぇり勝負**〟、で、どんでぇ！

訳例　おい、じゃんけんの、一回勝負でどうだ！

【びっかめぐ】

語源／意味　／キラキラと光る

使用例　やっと、木のまっか、見だっけぇ、〝**びっかめで**〟、らおんだ。
訳例　どれどれと、木の枝の付け根をみたら、キラキラと光っていたんだ。

【**ひびど**】
語源／意味　／囲炉裏の炉
使用例　ねごぁ、寒がったかいでぇ、〝**ひびど**〟、さ、ねぱて、やげぱだ、したおだ、かいだ。
訳例　猫が、寒かったようで、囲炉裏に近づき過ぎてやけどしたんだって。

【**びっき**】
語源／意味　／赤ん坊、幼児、蛙
使用例　両手サ、こびりっこ、ど、鎌コ、たなて、背ながさば、〝**びっき**〟、しょて、田さ行ったもんだ。
訳例　両手におやつと鎌を持って、背中には赤ん坊を背負って田んぼに行ったものだ。

【**びっけぇ**】
語源／意味　／蛙
使用例　〝**びっけぇ**〟、だぁ、ゲロゲロど、やがましねぇな。
訳例　カエル達がゲロゲロとうるさいな。

【**びった**】
語源／意味　／女の子、女の子を卑下する言い方
使用例　「童《わらし》コぁ、どち、もたのしぇ」「〝**びった**〟ばり三人や」
訳例　子供はどっちを持ったの？　女の子だけ三人だ。

【**ひねじる**】
語源／意味　／ひねる、ねじる、つねる
使用例　転んだ拍子に、けぇな、〝**ひねじて**〟、しまたおだどや。
訳例　転んだ拍子に、腕をねじってしまったんだって。

【**ひら**】
語源／意味　／山の斜面、小山の中腹
使用例　山の、〝**ひら**〟、さ、ワサビだぁ、えっぺぇ、おがてらっけ、ど。
訳例　山の中腹にワラビが一杯生えていたんだって。

【**ひらひらど**】
語源／意味　／急いで、手早く、さっさと
使用例　ごごめでぇで、ねで、〝**ひらひらど**〟とっかがるんだ。
訳例　ぶつくさ言っていないで、さっさと取り掛かるん

だ。

【ひらめぐ】

語源／意味　／皮膚のひりひりする痛みの形容

使用例　手の焼げぱだ、まだ、〝**ひらめぐ**〟、ど。

訳例　手のやけどがまだ、ひりひりするってよ。

【びろ】

語源／意味　／よだれ

使用例　お～お～、あのばっちっこの、〝**びろ**〟、たらしが？

訳例　お～お～、あの末っ子のよだれを垂らしていた子か？

【びろかげ】

語源／意味　／よだれかけ

使用例　きれだ、〝**びろかげ**〟、やてもらたごど。

訳例　きれいなよだれかけを、してもらったこと。

【びんと】

語源／意味　／そばにいて離れない、堅くしっかりと

使用例　飛ばさいねぇいに、〝**びんと**〟、しめでけれど。

訳例　吹き飛ばされないように、しっかりつかまえてちょうだいって。

【びんぐり】

語源／意味　／げんこつで叩く

使用例　あの童にかて、あんまり、ゆうごど、きがねくて、はんけ、〝**びんぐり**〟、やてけたぐ、なろおな。

訳例　あの子供は、あんまりいう事を聞かないから、後頭部をたたいてやりたくなるもんな。

【びんぼたがり】

語源／意味　／気持ちの貧しさ、身に沁みついた貧相さ

使用例　まっだ、あの、〝**びんぼたがり**〟！

訳例　また、あの貧乏性！

ふ

【ぶかいる】

語源／意味　ぶっ壊れる／壊れる、勢いよく壊れる

使用例　そんたら、じゃまにやれば、〝**ぶかいる**〟、でば。

訳例　そんな使い方をしたら、壊れるってば。

【ぶかす】

語源／意味　ぶっ壊す／壊す、ぶちこわす

使用例　らっけに、すな~、〝**ぶかし**〟、てしまるんでぇ！

訳例　乱暴にするな、壊してしまうんだよ。

【ふぐだっけ】

語源／意味　／うぶ毛

使用例　ひげだば、おいねぇ、奴《やづ》だども、〝**ふぐだっけ**〟、ばやばやど、のびで、あいも、はぁ、若げぇ者だな。

訳例　髭は生えない奴だけど、産毛が生えて、あいつはもう若者だなぁ。

【ふしから】

語源／意味　／節くれ

使用例　じさまの手ぇ、ずんぶ、〝**ふしから**〟、だなぁ。

訳例　爺さんの手は、随分節くれているな。

【ぶしける】

語源／意味　／機嫌が悪い、すねる、むっりする

使用例　いづまんでも、〝**ぶしけ**〟、でぇる、もんでぇねぇんだ！

訳例　いつまでも膨れていないいんだ。

【ぶしけづら】

語源／意味　／すねた表情・顔

使用例　いづまんで、〝**ぶしけづら**〟、してる、もだだがな。

訳例　いつまですねて、いるもんだか。

【ふしべ】

語源／意味　／熱湯をかけて蒸すこと

使用例　山ワサビは、しぇ、鍋でぇ、〝**ふしべ**〟、で、辛味を食うもだんだ。

訳例　山ワサビは、熱湯をかけて、蒸して、辛味を食べるんだよ。

【ふじゃま】

語源／意味　／不様、見栄えの良くない様子

使用例　その、〝**ふじゃま**〟、で、いい話、さえねぇんだ。わらいるんでぇ。

訳例　その様で都合のいい話をしたら、笑われるんだよ。

【ふじゃらげる】

語源／意味　／邪魔にする、足で乱暴に寄せる

使用例　そんたに、足で、〝**ふじゃらげる**〟、てがぁ~ずんぶだなぁ。

訳例　そんなに足で寄せるってか、ひどいな。

【ぶしらへ】

語源／意味　／低音の臭い屁

使用例　くしぇ、ど、思たば、あいにかて、〝ぶしらへ〟、しかげらいだおだ。

訳例　臭いと思ったら、あいつに音のしない屁をされたんだ。

【ふちける】

語源／意味　／吹く、息を吹きかける

使用例　どらぁ、どごヤゲしてぇ、じっちゃ、〝ふちけで〟、けらぁ

訳例　どれ、どこを火傷したんだ、じっちゃんが、フーフーしてあげるから。

【ぶっちゃげる】

語源／意味　ぶっ裂ける／勢いよく裂ける、破ける

使用例　あっちこっち、ふかげぇで、ふぐも何んも、どぉわっど〝ぶっちゃげで〟しまったおんだど。

訳例　あちこちひっかけて、服も何も大きく破けてしまったんだと。

【ぶったらぐ】

語源／意味　／勢いよく叩く、殴る

使用例　あいさば、かもねぇんだ、〝ぶたらがいでぇも〟、ばがくしぇぇんで。

訳例　あいつにはかまわないんだ。殴られてもつまらないから。

【ぶっぷぐれ】

語源／意味　／肥満体系の人、妊婦、すねた人

使用例　あの、〝ぶっぷぐれ〟しぇ、すんぐ、ふぐぃる、おな。

訳例　あいつは、すぐにすねるもんな。

【ふとじ】

語源／意味　／同じ、一緒

使用例　どっちも、〝ふとじ〟、だ。てぇんごに、分げだ、おでぇ。

訳例　どっちも同じだ、きれいに分けたんだよ。

【ふとぉめ】

語源／意味　／人目／人目

使用例　がぁいたらもん、でも、〝ふとぉめ〟、気にすってが～

訳例　お前みたいな奴でも、人の目を気にするってか。

【ふとめぇ—わりぃ】

語源／意味　人目悪い／人目悪い

使用例　あまり、くっつぐなでぇ、〝**ふとめわり**〟、べぇしぇ。

訳例　あんまりくっつくなよ、人の目があるだろう。

【ぶまがる】

語源／意味　／勢いよくこぼれる

使用例　ほぱら見でれば、〝**ぶまがる**〟、んでぇ。

訳例　よそ見をしているとこぼれるよ。

【ぶらくら】

語源／意味　／ぶらぶら

使用例　わげぇものぁ、昼まっから、〝**ぶらから**〟、ど、するもでねんだ。

訳例　若い者が昼間っから、ぶらぶらしているもんじゃないよ。

【ぶりこつなぎ】

語源／意味　ブリコ繋ぎ／等間隔に繋がった様子

使用例　やっと、ふぱたば、じゃっこだぁ、〝**ぶりこつなぎ**〟、なて、上がてきたおだど。

訳例　力を入れて引っ張ったら、魚たちがつながって上がって来たんだって。

【ふるめっこ】

語源／意味　振る舞い／御振る舞い

使用例　童た頃ぁ、田植えってば、いどごだぁ、一杯《いっぺぇ》集まってぇしぇ、毎日《にち》、〝**ふるめっこ**〟、みでぇがった。

訳例　子供の頃、田植えには親戚の人たちが一杯集まって、毎日、御振舞みたいだった。

【ふんじゃらぐる】

語源／意味　／踏みにじる、踏み散らかす

使用例　なんぼが、根《こん》じょ、曲がてらもだだが、ふたぁ、植だ苗っこ、〝**ふんじゃらげで**〟、行った、おだ。

訳例　どれぐらい根性が曲がっているもんだか、俺が植えた苗を足で踏んづけて行ったんだ。

へ

【べぇ（つこ）】

語源／意味　／切株から生える新芽

使用例　桜《さぐら》ぁ、切っても、わぎがら、〝べぇっこ〟、だぁ、なんぼも出でくるもだだ。
訳例　桜の木は切っても、脇からひこばえが生えて来るものなんだ。

【ぺぇ】
語源／意味　／棄てるの幼児語
使用例　これぇ、なして、それ、〝ぺぇ〟、すの！
訳例　これ！どうしてそれを捨てるの！

【へこぎ】
語源／意味　／なまけもの、よく放屁する人
使用例　あれぇ、若げぇ、くしぇに、〝へこぎ〟、だどごで、しぇな。
訳例　あいつは若いくせに、怠け者だからな。

【へそび】
語源／意味　／竈の煤
使用例　がぁ、の、面《つら》さ、〝へそび〟、ちぃでれぇ！
訳例　お前の顔に煤がついてるぞ。

【へった／へらいだ】
語源／意味　言った。言われた／①言った。②言われた。
使用例　①がぁ、そいふに、〝へった〟、べぇ。
②がだぁ、そいふに〝へらいだ〟べぇ。
訳例　①お前が、そう言っただろ。
②お前たちは、そう言われただろう。

【へっちょ】
語源／意味　／へそ
使用例　〝へっちょ〟、痒《け》ぇ、ど。
訳例　へそが痒いって。

【へっち】
語源／意味　／薪で焚く竈
使用例　〝へっち〟さ、ぶちけねぇんで！
訳例　竈にぶっつけないんだよ。

【へっと】
語源／意味　／へこみ
使用例　〝へっと〟サ、足ふかげで、ブ転んだ、けど。
訳例　へこんだところに足を引っ掛けて転んだんだって。

【べご】
語源／意味　／牛
使用例　仔っこ、〝べご〟ど、逃げだどごで、探すどて、親、〝べご〟、へで、来たおだど。
訳例　仔牛が逃げてしまったから、探すためにその親牛

を連れて来たんだって。

【へづねぇ】
語源／意味　／辛い、体具合が悪い
使用例　あんべぇ、どんでぇ？「〝へづねぇ〟！」
訳例　具合はどうだ？「容易でない！」

【へづねぐ─なた】
語源／意味　／辛くなった、体具合が悪くなった
使用例　〝へづねぇぐ─なた〟、ら、声こ、かげるんでぇ。
訳例　体具合が悪くなったら、呼ぶんだよ。

【へどな】
語源／意味　／先日、数日前、この前
使用例　〝へどな〟、いげったばりだ、やず、たまげだごど、死でしまた、じぉんな！
訳例　この間会ったばかりなのに、死んでしまったそうだものな。

【べべ】
語源／意味　／子供の着物、晴れ着
使用例　誰がら買って、もらたがなぁ、いい、〝べべ〟、だごど。
訳例　誰に買ってもらったのかな〜かわいい着物だこと。

【へら】
語源／意味　／年上女房
使用例　あぃの、かがぁしぇ、二枚ぇ、ばり、〝へら〟、なんだどや。
訳例　あの人の奥さんは、二歳年上なんだと。

【へら─かづぐ】
語源／意味　／食事が不足したこと
使用例　あれだぁ、食いっぷり、いいどごでぇ、あぶなぐ、〝へらかづぐ〟、どごだっけ。
訳例　あの人たちの食べっぷりがあんまりよくて、もう少しで足りなくするところだった。

【べら】
語源／意味　／手足の甲
使用例　この前《めぇ》がら、足の、〝べら〟、病めるんだよ。
訳例　この前から、足の甲に痛みがあるんだ。

【へる／へろ／へな／へた／へね】
語源／意味　／言う／言え／言うな／言った／言わない
使用例　・ちゃんと、〝へる〟、ごだぁ、〝へる〟、んだ。
・考げぇでる、ごだぁ、あれば、ちゃんと、〝へろ〟、でぇ。

訳例
・何も、〝へな〟、皆わがてらんだ。
・がぁ、そいふに、〝へた〟、べ。
・だってても、そったらごだぁ、〝へね〟だ。
・しっかりと言う事は言うんだよ。
・考えていることがあれば、しっかり言うんだ。
・何も言うな、皆わかっているんだから。
・お前が、そう言っただろ。
・誰もそんなことは言わないよ。

【べろ】
語源／意味　／舌
使用例　ほぉ〜、ずんぶ長げぇ、〝べろ〟、だごど。
訳例　おやおや、ずいぶん長い舌だこと。

【べろべろ】
語源／意味　／なめまわすようす
使用例　あんまりめごくて、ほっぺ、〝べろべろ〟、してけったぐなったな。
訳例　あんまり可愛くて、ほっぺをなめたくなったよ。

【へんし】
語源／意味　泉水／ため池
使用例　〝へんし〟、さ、だっぱり、おじだごど、あるてら。
訳例　池にドブンと落ちたことがあるそうだ。

【へんてかしねぇ】
語源／意味　／味がしない、味が薄い、面白みのない
使用例　初めで食たども、ずんぶ、〝へんてかしねぇ〟、もだなぁ。
訳例　初めて食べたけど、随分味気ないもんだなぁ。

【べんふり／べんふる】
語源／意味　弁振り／口数が多い、にぎやかな人
使用例　ふとのごども、考《かんげ》ぇねで、あっこで、ややふとや、〝べんふり〟、してた、おだ。
訳例　人のことも考えないで、ここで、長々と語っていったんだ。

ほ

【ほぉべ／ほべぇ】
語源／意味　／友達、仲間
使用例　あいどは、しぇ、昔《むがし》っから、〝ほぉべ〟、でしゃ。

訳例　あいつとは昔っから、親しい仲間でね。

【ほえ（い）ど】

語源／意味　／乞食、いやしい（人）

使用例　ほんたら、じゃまして、〝ほいど〟、みだいたでぇ、皆に笑《わら》らいるんだ。

訳例　そんな恰好して、乞食みたいだよ、皆に笑われるんだよ。

【ぼがげる／ぼかげる】

語源／意味　／（勢いをつけて）追いかける

使用例　あわくて、〝ぼがげだ〟、ども、かっちげねがた～でぇ。

訳例　慌てて追いかけたけど、追いつけなかったよ。

【ほじ】

語源／意味　保持／理性

使用例　あまり飲んで、どごサ、〝ほじ〟、おどしてきた、もだだが、な。

訳例　あんまり呑んで、どこに理性を落としてきたもんだかな。

【ほし―な】

語源／意味　干し菜／干した菜っ葉

使用例　毎日《まいにぢ》、〝ほし―な〟、汁ばり、かへらいだのや。

訳例　毎日、干し菜汁ばかり食べさせられたんだ。

【ほじ―なし／ほぢけなし】

語源／意味　／保持無し／賢くない（人）、理性のない人

使用例　あいだっけ、まったぐの、〝ほじ―なし〟でぇ。

訳例　あいつは全くのバカだよ。

【ほだ―ほだ】

語源／意味　／そうだそうだ

使用例　「ほだがぁ！」「〝ほだ―ほだ〟」

訳例　「そうなのか」「そうだそうだ」

【ほだ（ど）】

語源／意味　／そうだ

使用例　「ほだがぁ」「〝ほだ〟、でばな」

訳例　「そうなのか」「そうだってば」

【ぼだす】

語源／意味　／追い出す

使用例　あいどご、みなかだて、〝ぼだす〟、がぁ。

訳例　あいつをみんなで、追い出すか。

【ほだス】

語源／意味　／そうです

使用例　〝ほだス〟。

訳例　そうです。

【ほだず―おんな】

語源／意味　／…だそうだな

使用例　違《ちが》る、ど、思ったども、皆がら聞《き》ぃだっけ、やっぱり、〝ほだず―おんな〟、まんず、たまげぇだ、もだな。

訳例　違うと思ったんだけど、皆から聞いたら、やっぱりその通りだったって。驚いたよ。

【ほだが（ぁ）】

語源／意味　／そうか？

使用例　「んだが、やっぱり、〝ほだが〟」

訳例　「そうか、やっぱり、そうなのか」

【ほだ―すな】

語源／意味　／そうですね

使用例　「やっぱり、わがねぇ、って、へらいだってすな」
「〝ほだ―すな〟仕方ねっすな。」

訳例　「やっぱりダメって言われたそうですね」「そうなんです。仕方ないですね。」

【ぼっこむ】

語源／意味　／突っ込む、抗議をする

使用例　あれど、の、仲間《ながま》っこ、ばりで、決めでるたいに、〝ぼっこん〟で、やたのや。

訳例　あいつらは仲間内だけで決めているから、抗議してやったんだ。

【ぼっち】

語源／意味　／帽子、頭巾

使用例　〝ぼっち〟、かぷて、カバン《がっぱん》背負《しょっ》て、今日がら、学校《がっこ》、だんでぇ。

訳例　帽子をかぶって、カバンを背負って、今日から小学生だね。

【ほっちゃぐる】

語源／意味　／掘る、掘り上げる

使用例　あちこち、〝ほちゃぐて〟、ねぇんで、端がら、順番コにやる、もん、だんだ。

訳例　あちこち掘っていないで、端から順番にやるもんだよ。

【ほっぱら】

語源／意味　／傍ら、よそ、的外れ

使用例　ほら、オシッコ、〝**ほっぱら**〟、サ、まげぇねぃに、
すんだ。
訳例　ほれ、オシッコ、よそにしないようにするんだ。

【ほでぇ—なし】
語源／意味　放題無し／わからずや、世間知らず
使用例　あいたら、〝**ほでぇ—なし**〟、さば、されぇかもね
ぇんだ。
訳例　あんな分からず屋には、構わないんだ。

【ほでぇ—ねぇ】
語源／意味　放題無い／①そうでない、違う　②覚えてい
ない
使用例　①ほだがぁ、〝**ほでぇ—ねぇ**〟。
②息子の、つらも、〝**ほでぇ—ね**〟ぐ、なてぇら、
けぇど。
訳例　①「そうなのか?」「そうじゃない」
②息子の顔もわからなくなってしまったと。

【ほでぇ—ねす】
語源／意味　放題無いです／①そうではないです。②覚
えていません。
使用例　①「ほだがぁ」「〝**ほでぇ—ねス**〟」
②「息子のつらも、〝**ほでぇ—ね**〟、ス」
訳例　①「そうなのか」「違います。」
②息子の顔も覚えていません。

【ほどげぇ—かぎ】
語源／意味　仏書き／法事、仏事
使用例　来年《りぇねん》、おれぇ家《え》で、〝**ほどげぇ—かぎ**〟だなぁ、
随分《ずんぶ》、早ぇもだな。。
訳例　来年はうちの法事だな、早いもんだな。

【ぼど】
語源／意味　／ぼろきれ、防寒用衣類
使用例　しばいでる、たいに、しぇ、しみねぇいに、〝**ぼど**〟、
で、びんと、くるでいぐんだ。
訳例　寒さがきついから、凍らないように布につつんで
行きなさい。

【ほにょ】
語源／意味　／稲を先に刺してのべる棹
使用例　まんだ、童コだたいに、何もやいねぇんだおん、〝**ほ
にょ**〟、で、稲のべで、助《しけ》だ、のや。
訳例　まだ子供で、なにも出来なかったから、差棒で稲
たばを伸べる手伝いをしたんだ。

【ほにほに】
語源／意味　本当に／本当に
使用例　家《え》の、バガ息子にかて、〝**ほにほに**〟、こまた、もんだ。
訳例　うちのバカ息子には、本当に困ったもんだ。

【ほねから】
語源／意味　／骨格、ほね
使用例　しばらぐ、ぶりに、いげたば、まるんで、〝**ほねから**〟、なてらのや。
訳例　久しぶりに会ったら、激やせしていたんだ。

【ほら―まげる】
語源／意味　／嘘をつく
使用例　あいに、かって、まるんで、〝**ほら―まげらいだ**〟。
訳例　あいつに、嘘ばかりつかれた。

【ほろぐ】
語源／意味　／（ホコリなどを）払う、叩き落とす
使用例　雪《ゆぎ》、ちぃでら、でぇば～、ちゃんと、〝**ほろぐ**〟、んだ。
訳例　雪がついているってば、しっかり払うんだ。

【ほんたに】
語源／意味　／そんなに
使用例　〝**ほんたに**〟、かっかまさねぇで、静《しじ》がに、やるもんだんだ。
訳例　そんなにかき回さないで、静かにやるんだ。

【ほんちけ―なし】
語源／意味　保持気無し／非常識、軽率、馬鹿者
使用例　あのぁ、〝**ほんちけ―なし**〟、さば、かまって、らえねでぇ。
訳例　あの馬鹿者には、かまっていられない。

ま

【まがりまっすぐ】
語源／意味　曲り真直ぐ／緩く曲がりながらも、概ね真直ぐなこと
使用例　そごらがら、〝**まがりまっすぐ**〟、に、行《いぐ》んだ。
訳例　その辺から、緩く曲がりながら、まっすぐ行くんだ。

だ。

【まがなる】

語源／意味　／支度を整える

使用例　あまり、まだへねぇいに、ちゃっちゃど、〝**まがなて**〟、行ぐんだぁで。

訳例　あんまり待たせないように、急いで支度して行くんだよ。

【まがる】

語源／意味　／あふれてこぼれる

使用例　勢《いぎ》ぃ、つければ、〝**まがる**〟、んでぇ。

訳例　勢いをつけると、こぼれるんだよ。

【まぎぃ】

語源／意味　／血統、一族

使用例　あれぇだ、皆、あの家の、〝**まぎぃ**〟、なんだぁ。

訳例　あいつらは皆、あの家のいとこなんだ。

【まぎ】

語源／意味　／稲わらなどの保管用の屋根裏の物置

使用例　昔《むがし》の家《え》だば、どごの家でも、〝**まぎ**〟、じのぁ、あたのや。

訳例　昔の家なら、どこの家にも屋根裏の物置があったんだ。

【まぎめぇ】

語源／意味　／つむじ

使用例　この童《わらし》ぁ、爺さ似だだが、〝**まぎめぇ**〟、ふたっち、あろおな。

訳例　この子は爺さんに似たのか、つむじが二つあるものな。

【まぐらう】

語源／意味　／いそいで・がつがつ、食べる

使用例　とっとど、〝**まぐらて**〟、かせぇぐに、行ぐんだでぇ。

訳例　急いで食べて、仕事に行くんだ。

【まげる】

語源／意味　／①値引く　②こぼす　③（うそを）つく　④認める、許す

使用例　①こいでぇ、あどぁ、〝**まげぇらいる**〟、でぇ。
②しじげぇっこに、〝**まげぇねぇ**〟ん、でぇ。
③じほ、〝**まげる**〟なでぇ。
④こいでぇ、あだぁ、〝**まげらいる**〟、でぇ。

訳例　①これであとはおまけしてもらうよ。

②静かに、こぼさないんだよ。
③嘘をつくなよ。
④これであとは、許してもらうよ。

【まごべっけ】

語源／意味　／親戚（少し薄くなったなった）
使用例　あっこの、えぇ、おれぇ、家《ええ》の、〝**まごべっけ**〟、にあだろおだ。
訳例　あそこのうちは、俺んちの、遠くなったけど親戚だ。

【まじゃる】

語源／意味　／混じる
使用例　よぐ、〝**まじゃる**〟、いに、までっこにやるんだ。
訳例　ようく混じるように、丁寧にやるんだ。

【まじる】

語源／意味　／待つ
使用例　えとな、〝**まじる**〟、が。
訳例　少し、待つか。

【まじでーけろ】

語源／意味　／待ってちょうだい
使用例　今《えま》来るたいに、えとな〝**まじでーけろ**〟。
訳例　今来るから少し待ってちょうだい。

【まだぎ】

語源／意味　又鬼（マタギ）／猟師、鉄砲撃ち
使用例　おらだバ、あいのごど、〝**まだぎ**〟、ってへるども、手前《てめぇ》でぇ、〝**まだぎ**〟、だど、思ってねぇど。
訳例　俺だったら、あの人のことをマタギっていうけど、自分ではまだ、マタギだとは思っていないんだって。

【まっか】

語源／意味　／股、又は木の枝分れした部分
使用例　婆しぇ、たもでの、木の、〝**まっか**〟、がら、まいだって、孫どさ、おへぇだ、おだ。
訳例　婆さんが孫たちに、田んぼの近くの木の又から生まれたと教えたんだ。

【まっこ】

語源／意味　／お年玉
使用例　爺さまど、婆さまがら、ほれ、痩《や》へ、〝**まっこ**〟、けらぁよ。
訳例　爺さんと婆さんから、ちょっとだけのお年玉あげるよ。

【までっこ】
語源／意味　／ていねい、まめ
使用例　随分《じんぶ》、〝までっこ〟、だなぁ。
訳例　随分丁寧だなぁ。

【まなぐ】
語源／意味　まなこ／眼
使用例　〝まなぐ〟、つむれば、だまても、ねらさるんだ。
訳例　目をつむれば、間もなく眠れるよ。

【まのぐれ】
語源／意味　／馬のえさ
使用例　馬の、〝まのぐれ〟、作《つぐ》るなぁ、童の仕事だのや。
訳例　馬のえさを作るのは、子供の仕事だったんだ。

【まぬぎ】
語源／意味　／間引き
使用例　でごの、芽《め》っこ、〝まぬぎ〟、してやるもんだんだ。
訳例　大根の新芽は間引きするんだ。

【まぶる】
語源／意味　／守る
使用例　神様、〝まぶてけろ〟て、婆、拝んで、けだおだ。
訳例　神様守って下さいと、婆さんが拝んであげたんだよ。

【ままこ（結び）】
語源／意味　／かた結び　ままこまるぎ
使用例　〝ままこ〟に、まるがいだ、どごで、ほどがいねぇおだ。
訳例　かた結びされたから、なかなかほどけないんだよ。

【まめ】
語源／意味　／元気
使用例　〝まめ〟、でらな～
訳例　元気だったか～

【まやらっと】
語源／意味　／ぼんやりと、うっすらと
使用例　暗ぐなれば、まなぐ、〝まやらっと〟、なてしぇ。
訳例　暗くなると目がよく見えなくなるんだ。

【まるぐ】
語源／意味　／縛る
使用例　ほどげ、ねぇいに、びりっと、〝まるぐ〟、んでぇ。
訳例　ほどけてこないように、ぎっちりと結ぶんだよ。

【まんじぐれぇ】
語源／意味　／食べ物の好き嫌い

使用例　〝まんじぐれぇ〟、してねぇんでぇ、ありがだぐ、御馳走《ごっちょ》、なるんだ。

訳例　好き嫌いしていないで、有難く御馳走になるんだ。

【まんつ】

語源／意味　／まず、まぁまぁ

使用例　「どぉんでぇ?」「〝まんつ〟な…」

訳例　「どうだ?」「可もなく不可もなくかな…」

【まんぶ】

語源／意味　／雪庇、屋根から大きくせり出した雪

使用例　屋根サ、上がたら、〝まんぶ〟、の雪《ゆぎ》がら、落どす、もだでぇ。

訳例　屋根に上がったら、まずせり出しの部分の雪を落とすもんだよ。

む

【むがつら】

語源／意味　向こう面／憎たらしい顔

使用例　あんまり、うしゃらしぐねくて、あいの、〝むがつら〟、わったり、やてけたぐ、なたおだ。

訳例　あんまり腹が立って、あいつの顔を思い切りぶったたいてやりたくなったんだ。

【むぐす】

語源／意味　／（オシッコ）漏らす

使用例　あぶなぐ、オシッコ、〝むぐす〟、どごだっけでぇ。

訳例　もう少しで、オシッコ漏らすところだった。

【むげぇ】

語源／意味　向い／向い

使用例　俺家ぇの、〝むげぇ〟、の隣ぁ、本家で、その隣ぁ、婆の実家や。

訳例　うちの家の向かいの隣が本家で、その隣が婆さんの実家なんだ。

【むげっと】

語源／意味　迎え人／迎えの人　迎え

使用例　もう少し〝むげっと〟待じだら、いいんだが。

訳例　もう少し、迎えの人を待ったらいいかな。

【むじける／むんつける】

語源／意味　／すねる、ごねる

使用例　だんだんに、酔って来れば、〝**むじけで**〟、来るんだよ。だいさ、にだ、もだだがな。
訳例　だんだん酔ってくると、ごね始めるんだよ。誰に似たんだろうね。

【むだきり】
語源／意味　／スケベ話、淫らなことを話す人
使用例　婆どの、〝**むだきり**〟、話しにかて、笑ってしまったのしぇ。
訳例　婆さんたちのスケベ話に、笑ってしまったんだ。

【むなごど】
語源／意味　／胸・食道
使用例　まんだ、〝**むなごど**〟、ぎやぎや、じぃ、でぇ。
訳例　まだ、食堂のあたりに違和感があるんだ。

め

【めぇだれ／めぇぶり】
語源／意味　前垂れ／前掛け・エプロン
使用例　水かがるんでぇ、〝**めぇだれ**〟、かげるんだ。
訳例　汚れるんだから、前掛けつけるんだ。

【めぇためぇた（ど）】
語源／意味　／回復が難しい程の体の状態、病気の進行の様子。
使用例　若げぇ頃の、無理ぁ、ただった、おだびょん。具合ぇ《ぐぇ》悪ぃ、ったっけ、〝**めぇためぇた**〟ど、いった、けおんな。
訳例　若いころの無理がたたったんだと思うよ。具合が悪いって言ったら、あれよあれよって言う間に逝ったものな。

【めぇつたら】
語源／意味　／うまそう、おいしそう
使用例　おお、随分《ずんぶ》、〝**めぇつたら**〟、に、こしぇだ、ごど。
訳例　おお、随分おいしそうに作ったこと。

【めっこ】
語源／意味　／子供に話す御菓子の総称
使用例　めごい、たいに、がぁ、さばり、〝**めっこ**〟、けろがなぁ。
訳例　可愛いから、お前にだけお菓子をあげようかな～

【めぇまぐれ（す）】
語源／意味　／目がくらむ
使用例　ツラ色悪ぃべ、さっと、〝めまぐれぇ〟、すんだよ。
訳例　顔いろ悪いだろ、少しめまいするんだ。

【めぇんこ】
語源／意味　／可愛い子
使用例　おめぇは、爺の、〝めぇんこ〟、だおな～
訳例　お前は爺さんの、可愛い子だもんな～

【めくされ】
語源／意味　／粗悪（品）
使用例　〝めくされ〟まなぐ、にかて、困ったもんだ。
訳例　具合の悪い、目には困ったもんだ。

【めぇんちょこ】
語源／意味　／可愛い子
使用例　これしぇ、おらいの、〝めんちょこ〟、だのっす。
訳例　この子は、うちの可愛い子なんです。

【めぇんど（す／かげる）】
語源／意味　／面倒／①難儀、難儀させる　②世話、手伝い
使用例　①〝めぇんど〟、かげで、もさげんぇす。
②なんとが、〝めぇんど〟、してくんだい。
訳例　①面倒掛けて申し訳ありません。
②何とか、お手伝いをお願いします。

【めげぇ】
語源／意味　／可愛い
使用例　〝めげぇ〟、おなご童《わらし》コ、だごど、しぇ。
訳例　可愛らしい、女の子だこと。

【めっける】
語源／意味　見つける／見つける、探し出す
使用例　ややふとや、かがても、あだりほどり、ちゃんと見で、〝めっける〟、んだ。
訳例　時間がかかっても、そこいら中、しっかり見て、見つけるんだ。

【めごがる】
語源／意味　／可愛がる
使用例　なんぼが、めごいだが、ずんぶ、〝めごがる〟、ごど。
訳例　どれぐらい可愛いんだか、随分可愛がること。

【めっこ―まんま】
語源／意味　／シンが残る白米ご飯

使用例　シュ～、て、吹いでも、釜のふた、とねだぁ、〝めっこ―まんま〟、なるんでぇ。

訳例　沸騰しても釜のふたは取らないで。シンが残るご飯になるから。

【めまぐれ】

語源／意味　／めまい

使用例　あまり、たまげぇだどごでぇ、くらぁっと、〝**めまぐれ**〟、したおだぁ。

訳例　あんまりびっくりしたから、くらっと、めまいしたっけ。

【めらし】

語源／意味　／女の子　御嬢さん

使用例　しばらぐぶり、いげぇたけ、でらでらじぃ、〝**めらし**〟なてらっけでぇ。

訳例　久ぶりに会ったら、まぶしいくらいの御嬢さんになってたよ。

【め】

語源／意味　／大変な心労・苦心、肉体的な苦労

使用例　いゃぁ、ややや、〝**め**〟に、あへぇ、だんすな！

訳例　いやいや、大変な目にあわせてしまいました。

【め（ん）―め】

語源／意味　／とても大変な心労の丁寧な表現

使用例　いやぁ、ややや、〝**めんめ**〟かげぇだんすなぁ！

訳例　いやぁ、大変な目にあわせてしまいました。

も

【もぐれ（る）】

語源／意味　／（皮が）めくれる

使用例　靴下《くじした》も、ジボンも、ぬいだなぁ、みな、けちゃ、〝**もぐれぇ**〟、なてれぇ！

訳例　靴下もズボンも、脱いだもの全部がひっくり返っているよ。

【もしろい】

語源／意味　面白い／おもしろい、楽しい、愉快

使用例　いやぁ、今日ぁ、皆来てけでぇ、随分《じんぶ》、〝**もしろい**〟、な。

訳例　いやぁ、今日は皆が来てくれて、随分面白いな。

【もじゃげる／もちゃげる】

語源／意味　持ち上げる／おだて上げる

使用例　あまり、〝もじゃげる〟、なでぇ。人《ふと》サ、やらへる気なて、な。

訳例　あんまりおだてるなよ、俺にやらせようとしているんだろう。

【もじゃぱなし】

語源／意味　／物を粗末にする様、人

使用例　何買ってけでも、あの童《わらし》ぁ、〝もじゃぱなし〟、だ、どごでしゃ。

訳例　何を買ってあげても、あの子は物を粗末にするからな。

【もじょる】

語源／意味　／脇による

使用例　おれぇ、物背負《しょ》てらべぇ、もしこし、〝もじょって〟、けねぇな。

訳例　俺は荷物を背負っているから、もう少し脇に寄ってくれないか。

【もじら／もずら】

語源／意味　／…ごと、まるごと

使用例　まま、食《く》たどごさぁ、風呂敷《ふろしぎ》、〝もじら〟、忘《わす》いで、きて、しまた、おだどや。

訳例　ご飯を食べたところに、（荷物を）風呂敷ごと忘れてきてしまったんだって

【もそかそ】

語源／意味　／むず痒い状態

使用例　どごやら、まんだ、〝もそかそ〟、ど、痒《け》ぇ、んだよ。

訳例　どこやら、まだ、むず痒いんだよ。

【もそくそ／もそらくそら】

語源／意味　／グズグズしている様子

使用例　いずまんでも、〝もそくそ〟ど、やてねぇんで、ぐぐど、行ぐんだでぇ。

訳例　いつまでも、ぐずぐずやっていないで、早く行くんだ。

【もじあし】

語源／意味　／厚くて頑丈そうな足、偏平足

使用例　なりだば、めっちぇ、ども、足だば、〝もじあし〟、でしぇ。力強いどごぁ、相撲とりの爺さまさ、似だのだびょん。

訳例　なりは小さいけど、足は厚みのある足で、力の強いところは相撲取りの爺様に似たんだと思うよ。

【もちょこて】

語源／意味　／くすぐったい

使用例　掻ぐのだら、も少し、力こ、へでけろでぇ、〝**もちょこて**〟、でぇ。

訳例　掻くのなら、もう少し力を入れてくれないか。くすぐったいんだよ。

【もっきり】

語源／意味　盛切／盛切（酒）、茶碗酒

使用例　朝間おぎれば、流しさ、行《え》って、どんぶりで、〝**もっきり**〟、酒《さげぇ》、飲んでらっけど。

訳例　朝起きれば、台所で茶碗酒飲んでるんだって。

【もっくら―おぎ】

語源／意味　／起き立て、起きたばっかり

使用例　あれぇしえ、かしぇぐで、で、〝**もっくら―おぎ**〟、で、馬《まぁ》引《ふ》っ張《ぱ》って、山さ、行《え》った、けど。

訳例　あいつは働き者で、朝起きてすぐに馬を引いて山に行ったんだって。

【もっけ】

語源／意味　／カエル

使用例　やっと、見だば、〝**もっけ**〟、びょん、て、跳ねだのや。

訳例　どれと思って、覗いたら、蛙がピョンて飛んだんだ。

【もっこ】

語源／意味　／①土砂などの運搬用具　②恐ろしい物

使用例　①あの、腰あんべだば、〝**もっこ**〟かじぎ、やらへらいねぇな。とぱどがさいで、からだば、遅いおの。

②言うごど聞がねば、〝**もっこ**〟、くるんでぇ。

訳例　①あの腰の様子だと、モッコ担ぎは無理だな。ひっくり返されてからだと遅いもの。

②いう事を聞かないと、お化けが来るぞ。

【もっちゃくちゃ】

語源／意味　／はっきりとしない、モヤモヤした状態

使用例　なんだが、頭《あだま》按配《あんべ》、まんだ〝**もちゃくちゃ**〟、てらでぇ。

訳例　なんだか、頭の具合が、まだはっきりしないんだ。

【もっちゃめぐ】

語源／意味　／モタモタと（遅れる）

使用例　急ぐんだ、って、へってらやず、まやまや、ど、〝**もっちゃめで**〟らおだおの。

訳例　急ぐんだ、って言ってるのに、まやまやと、もたついているんだもの。

【もどりげぇる】

語源／意味　戻り返る／戻ってくる

使用例　どごさ、おどしたが、〝**もどりげぇって**〟、探したおだどもしゃ。

訳例　どこに落としたもんだか、戻って探したんだけどね。

【もやみ】

語源／意味　／おっくう、大儀、面倒くさい

使用例　んにゃ～、どそがな、〝**もやみ**〟なて、しまてしゃ。

訳例　いやぁ～、どうしようかな。億劫になってしまったんだ。

【もよる】

語源／意味　／着替える

使用例　もっくらおぎ、〝**もよて**〟、提灯《ちょうじん》コ、たなて、草刈《か》に、行ったおだど。

訳例　朝起きてすぐ、野良着を着て、提灯を持って草刈りに行ったんだって。

【もほ―ごぎ】

語源／意味　／我を通そうとする人

使用例　お前ぇの、〝**もほ―ごぎ**〟、にかて、たまげだ、もだでぇ。

訳例　あんたの強情にも驚いたもんだよ。

【もめん】

語源／意味　木綿／綺麗な着物、晴れ着

使用例　あやあや、いい、〝**もめんコ**〟、かて、もらたごど。

訳例　あれぇ～いい着物買ってもらったこと。

【もめや】

語源／意味　木綿屋／呉服屋

使用例　〝**もめや**〟、サ、行《え》て、運動会《うんどかい》の足袋、買《か》てくるんだ。

訳例　呉服店に行って、運動会の足袋買って来るんだ。

【ももた】

語源／意味　／太腿

使用例　さっと、走《はし》たばりだやず、〝**ももた**〟びん、と、

はてしまたでぇ。
訳例　ちょっと走っただけなのに、腿が（筋肉痛で）張
ってしまったよ。

【もり（っこ）】
語源／意味　盛／土地の一部の小高い所
使用例　山の畑の、しまっこの、〝**もりっこ**〟、なてる、ど
ごや。
訳例　山の畑の端の小高くなっているところだ。

【もれぇっこ】
語源／意味　貰い子／養子
使用例　あこの家でぇ、赤坊《あかぼ》、まいねがた、たいに、〝**も
れぇっこ**〟、したおだ。
訳例　あそこのうちでは子供が生まれなかったから、養
子をもらったんだ。

や

【やいでぇば】
語源／意味　ややもすれば、すぐに、安易に
使用例　〝**やいでぇば**〟、俺《おい》さばり、用コ、いずげで、けず
がって。
訳例　何かあれば、すぐ俺にだけ用事を言いつけるんだ
から。

【やいほい（ど）】
語源／意味　／ガヤガヤ（と）、にぎやか（に）
使用例　仕事《しごだぁ》、終わた、かいで、あれどぁ、〝**やいほい**〟ど、
戻てきたおだ。
訳例　仕事が終わったようで、あいつらがにぎやかに戻
って来たんだ。

【やいやい（ど）】
語源／意味　／しつこくすること
使用例　やる気、あろおだだが、さっぱりでしぇ、皆にか
て、〝**やいやい**〟ど、かがらいで、らっけ。

訳例　やる気があるものなのか、（仕事ぶりが）さっぱりで、皆に叱られていたっけ。

【やがねる】

語源／意味　／文句をつける、やきもち

使用例　そごまで、〝**やがねる**〟、ってが～

訳例　そこまで、文句付けるってか～

【やぐど（っこ）】

語源／意味　／愛嬌のある嘘、冗談

使用例　「ほんとになぁ」「〝**やぐど！！**〟」

訳例　「ほんとうにか！」「冗談」

【やげぱだ】

語源／意味　焼け肌／やけど

使用例　ほぱら、ばりみでぇ、〝**やげぱだ**〟、すなよ。

訳例　よそ見ばかりしていて、火傷するなよ。

【やざぁね】

語源／意味　／駄目、出きない

使用例　うにゃ、うにゃ、〝**やざぁね**〟、だめだでば、やめで、けろでぇ。

訳例　いや～、できない、駄目だってば、やめてくれよ。

【やじ】

語源／意味　／谷地／谷地、湿原、ぬかるみ

使用例　あっこせぇ、わじが、〝**やじ**〟、なてるんだよ。

訳例　あそこの土地は、少し谷地になっているんだよ。

【やじがね】

語源／意味　／困難、難しい、出きない

使用例　「なぁ～、たのむでぇ」「だ～めだ、〝**やじがね**〟、でぇ」

訳例　「な～お願いするってば」「だ～めだ、出来ません」。

【やじがねス】

語源／意味　／難しいです、できません（敬語）

使用例　「なぁ～、たのむよ」「俺《おい》だば、とっても、〝**やじがねぇっス**〟、ほがの、人《ふと》サ、頼んでくだい」。

訳例　「な～、お願いするってば」「俺はとっても出来ないから、誰か他の人に頼んで下さい」。

【やしめぇる】

語源／意味　／やっつける、責める

使用例　あれぇ、この頃、えきながって、らおん。みんなして、〝**やしめぇる**〟、がぁ。

訳例　あいつはこの頃いい気になっている。皆でやっつ

けてやるか。

【やじなし】

語源／意味　／軽薄な人

使用例　おがばり、しゃべて、この、〝やじなし〟、これぇ。

訳例　余計なおしゃべりばかりして、この、軽薄者め。

【やせ―まっこ】

語源／意味　／額の少ないお年玉（謙遜）

使用例　爺ど婆ぁ、がら、〝やせ―まっこ〟、けらぁ。

訳例　爺さんと婆さんから、少ししか入っていないお年玉あげよう。

【やっこい】

語源／意味　軟らかい／軟らかい

使用例　こいだば、煮がだ、たいね、たいに、固《かでぇ》どごど、〝やっこい〟、所《どごぉ》、あるおの。

訳例　これだと、煮方が足りないから、固いところと軟らかいところがあるんだよ。

【やっと】

語源／意味　／どれどれと

使用例　あいも頑張ったかいで、来ねべ、ど、おもてらっけしゃ、〝やっと〟、見だば、そごさ、居《え》だねが、たまげだごど。

訳例　あいつも頑張ったようで、来ないだろうなと思っていたけど、どれどれと見たら、そこにいるんだものな、びっくりしたよ。

【やっぱまる】

語源／意味　／悪い意味のはまる

使用例　何さでも、〝やっぱまる〟、ども、口《くじ》ばり、でしぇ。

訳例　何にでもはまってくるけど、口ばかりでね。

【やちゃくちゃねぇ】

語源／意味　／せわしない、落ち着きのない

使用例　も少《しこ》し、考《かんげ》えだら、いがぁべな、〝やちゃくちゃねぇ〟、奴《やつ》だなぁ。

訳例　もう少し、考えたらいいのに、落ち着かないやつだなぁ。

【やどと】

語源／意味　宿人／留守番

使用例　「がぁ、今日ぁ、〝やどと〟が」「んだぁ、婆に豆煮でろて言《へ》らいだおんだ。」

訳例　「お前、今日は留守番か」「そうだ、婆さんに豆を煮てくれと言われたんだ」

【やなさって】
語源／意味　／明明後日
使用例　「へば、〝やなさって〟、でぇな。」「ほだ、〝やなさって〟、な。」
訳例　「では明明後日だよな」「そうだ、明明後日な」

【やばっち／やばちね】
語源／意味　／①汚い、みっともない　②すっきりしない。
使用例　①そのなりだば、なんだが、〝やばっち〟、おでねえが。
②そいだば、わんじが、〝やばっち〟ね、話コだんすなぁ。
訳例　①その格好だと、少しみっともないんじゃないか。
②それだと少し、すっきりしない話しですね。

【やめぇ—っと】
語源／意味　病人／病気がちな人
使用例　いず、いげても、〝やめぇ—っと〟、みでぇんた、な。
訳例　いつ会っても、病人みたいだな。

【やまご】
語源／意味　／樵《きこり》
使用例　おれぇの、父さん、まだ、〝やまご〟サ、えった、おだ。
訳例　うちの父さんは、また木こりに行ったんだ。

【やめる】
語源／意味　病る／病気による不調　痛み・苦しみ
使用例　どしてぇ、どごが、〝やめる〟、のだが？
訳例　どうしたんだ、どこか痛いのか？

【やや—ふとや】
語源／意味　やや一夜／もう少しで一晩、長い時間
使用例　「よいでねがたべ」「んにゃ〜、〝やや—ふとや〟、かがたけでぇ」
訳例　「大変だったでしょう」「いや〜もう少しで徹夜だったよ」

【やんでぇ】
語源／意味　／きっと、たぶん
使用例　〝やんでぇ〟、そうだべ、ど、思《おも》てらっけぇ。
訳例　きっとそうだと思っていたよ。

ゆ

【ゆあげる】
語源／意味　／茹で上げる、煮る
使用例　これどぁ、〝**ゆあげる**〟、どぎぁ、大きた鍋さ、どっと、へで、やるもだだ。
訳例　これら（山菜）を煮る時は、大きい鍋に放りこんでやるもんだよ。

【ゆぎつぼ】
語源／意味　雪壺／除雪をしてない積もった雪原
使用例　戻たば、だいも来てねたいに、〝**ゆぎつぼ**〟、こいで、家《え》さ、へたのや。
訳例　戻ったけど、まだだれも帰っていなかったから、雪を漕いで家に入ったんだ。

【ゆぐたがり／よくたがり】
語源／意味　欲たかり／欲ばり、いやしい（人）
使用例　あれ、しぇな、童た、頃がら、〝**ゆぐたがり**〟、でしゃ、大きぐなても、かわねぇもだな。
訳例　あいつはね、子供の頃から欲張りで、大きくなっても変わらないもんだな。

【ゆたかた（ど）】
語源／意味　／ゆったりと、くつろぐ様子
使用例　まずや、家《え》さ、える時《とぎ》ばりも、〝**ゆたかたど**〟、したら、えがべ、どもな。
訳例　まずねぇ、家にいる時だけでもゆったりとくつろいだらいいと思うんだけどね。

【ゆだらこい】
語源／意味　／ゆるゆる・核心に迫らない歯がゆい心情・中途半端
使用例　なんだが、甘ぇぐも、辛ぇぐもねぇ、〝**ゆだらこい**〟、あぢこだな。
訳例　何だか、甘くもない、辛くもない、中途半端な味だな。

【ゆつける／ゆちける】
語源／意味　ゆわいつける／結ぶ、結びつける
使用例　ほどげねぇいに、びんと、〝**ゆつける**〟、んでぇ。
訳例　ほどけないように、きつく結びつけるんだよ。

【ゆつがす／ゆちがす】

語源／意味　／揺らす

使用例　とっころげぇる、でばぁ!、そんたらに、〝ゆつがすな〟、でぇ。

訳例　ひっくり返るよ!、そんなに強く揺らすなってば。

【ゆっきめぐ】

語源／意味　／グラグラする

使用例　あれぇ、地震だべぇ、天井《てんじょ》、〝ゆっきめぐ〟、きょん。

訳例　あれは地震だろ、天井がくらぐらしていたからな。

【ゆべな】

語源／意味　／昨夜

使用例　「いづの話しや!」「うにゃ、〝ゆべな〟、っておしえでらべね。」

訳例　「いつの話だ!」「いやぁ、夕べって教えているじゃないか」

【ゆるぐねぇ】

語源／意味　／楽ではない、大変

使用例　たのまいだたいに、仕方《しかだ》ねぇども、〝ゆるぐねぇ〟がたお、でぇ。

訳例　お願いされたから仕方ないけど、楽ではなかったんだよ。

【ゆるっと】

語源／意味　／ゆるく、充分

使用例　なんてもねぇ、おじねたいに、〝ゆるっと〟、で、いだでぇ。

訳例　大丈夫だ、落ちないから、緩くてもいいんだよ。

【ゆわがんくら】

語源／意味　／岩ででこぼこした所

使用例　はんぶ、の、あっちぁ、〝ゆわがんくら〟、なってでしゃ、たいした、いぐねぇんだよ。

訳例　斜面の向こうはガケになっていて、とっても難儀なんだよ。

【ゆわげる】

語源／意味　言い分ける／断る、拒絶、辞退

使用例　だあぁれ、わんじゃに、やたおだら、いがに、おれぇ、〝ゆわげ〟で、けらぁ。

訳例　わざとやったんでもあるまいに、私が断ってあげるよ。

よ

【よが】
語源／意味　夜蚊／蚊
使用例　蚊帳の穴がら、入《へ》ったぴょん、〝よが〟、にかて、一晩《ふとばん》げ、寝らいね、がたでぇ。
訳例　蚊帳の穴から入ったんだと思うけど、蚊のせいで、一晩中眠れなかったよ。

【よげでーくだぃ】
語源／意味　／（道）を譲って下さい
使用例　あぶねぇっすよ、〝よげでーくだぃ〟。
訳例　危ないですよ、避けて下さい。

【よげる】
語源／意味　／（道）を譲る
使用例　なも、来てくだい。おれぇ、〝よげる〟、たいに。
訳例　大丈夫、来てください、俺が避けるから。

【よげろ】
語源／意味　／（道）を譲れ！
使用例　邪魔なるんだ、〝よげろ〟！
訳例　邪魔になるから、避けろ！

【よげろーでば】
語源／意味　／（道）を譲れってば！
使用例　邪魔なるって、言《へ》ってらべ、〝よげろーでば〟。
訳例　邪魔になるからって言ってるだろ、避けろってば！

【よたいなし】
語源／意味　／言われた用事を足せない人、半人前
使用例　何しに、てまたいで、えったのや、そいだば、まるきり、〝よたいなし〟、だべしぇ。
訳例　何のために手間をかけてやったんだか、それだとまるで、半人前じゃないか。

【よちぃべ】
語源／意味　四つん這い／四つん這い
使用例　おかねがおだぴょん、腰でも抜かしたかいで、〝よちぃべ〟、なて、出できた、おだ。
訳例　怖かったんだろ、腰でも抜けたんだか、四つん這いになって出て来たんだ。

【よっきり】
語源／意味　酔切り／酔っ払い
使用例　〝よっきり〟ど、にかて、飲めば、えぎ、えぐなるどごで、こまた、もだ。
訳例　酔っ払いどもめ、呑めば元気になるから、困ったもんだ。

【よっちゃめぐ】
語源／意味　／（歩行姿勢が）ふらつく
使用例　かなり、御馳走《ごっちょ》、なた、かいで、〝よっちゃめで〟、爺も、弁ふって、賑《にぎ》やが、だっけぇ。
訳例　かなりご馳走になったようで、足がふらついていて、爺さんも饒舌になって、賑やかだったたよ。

【よっちゃ─よちゃ】
語源／意味　／よろよろ（歩く）
使用例　なんぼが、御馳走《ごっちょ》、なた、もだだが、〝よっちゃ─よちゃ〟ど、なて、来たおだ。
訳例　どれくらい御馳走になったものか、よろよろと歩いてきたんだ。

【よっぴぎ】
語源／意味　夜引き／夜通し
使用例　消防だぁ、〝よっぴぎ〟、で、あいどごぉ、探して、けだおだど。
訳例　消防団の人たちが一晩中、あいつを探してくれたんだって。

【よばる】
語源／意味　／①呼ぶ、②招待する
使用例　「あいも、〝よばる〟、ってが。」「へだて、俺《おい》も、よばらいだおん」
訳例　「あいつも招待するってか」「だって、俺も招待されたんだ」

【よらくら（ど）】
語源／意味　／よろよろ（と）
使用例　毎晩《まいば》げ、〝よらくら〟ど〟なるまで、飲んで、けじがって。
訳例　毎晩、フラフラになるくらい飲みやがって。

ら

【らっけ】

語源／意味　荒っけ／乱暴に扱うこと。

使用例　そんたに、〝**らっけ**〟、に、さねんだ、ぶかいる、んでぇ。

訳例　そんなに乱暴にしないんだ、壊れるんだよ。

り

【りぎぃむ】

語源／意味　力む／力を入れること

使用例　そんたに、〝**りぎぃむ**〟、てがぁ。

訳例　そんなに力をいれるってか。

【りぇねん】

語源／意味　来年／来年

使用例　へば、話の続ぎは、まだ、〝**りぇねん**〟、な。

訳例　それじゃ、話の続きは来年な。

れ

【れぇんで】

語源／意味　／急ぐ、大慌て

使用例　とにかぐ、来てけぇろ、って、へらいだ、どごで、〝**れぇんで**〟、して来たのや。

訳例　とにかく早く来てほしい、って言われたから大急ぎで来たんだ。

わ

【わがねぇ】

語源／意味　／①ダメだ、いやだ、困る　②分からない

使用例　①「たのむでぇ」「うにゃ、なんたて、〝**わがねぇ**〟でぇ」

②なんぼ、考《かんげぇ》でも、こごぁ、〝**わがねぇ**〟、んだよ。

訳例　①「お願いだからさぁ〜」「いいや、どうしてもだめだ」

②いくら考えても、ここが分からないんだよ。

【わぐ（っ）】

語源／意味　湧く／こんこんと水がわき出る様子

使用例　大きたナラの木の根がら、こんこんど、水《みじ》ぁ、〝**わぐぅ**〟、どごぁ、あるおだど。

訳例　大きなナラの木の根元から、こんこんと水の湧くところがあるそうだ。

【わしゃど】

語源／意味　童たち／子供達

使用例　〝**わしゃどぁ**〟、いじまでも、起《お》ぎでるもんでぇ、ねぇんだ。

訳例　子供が、いつまでも起きているもんではないんだ。

【わっか】

語源／意味　／輪

使用例　柴《しば》ぁまぁるぐ、〝**わっか**〟、にしたなぁ、げじぎ、て、へるのや。昔《むがし》ぁ、学校《がっこ》サ、行ぐっても、へぇだのや。

訳例　柴を丸く輪にしたものをカンジキと言って、昔は学校に行くときも履いたんだ。

【わっちゃめぐ】

語源／意味　／隠し事で心の落ち着かないさま

使用例　おらぁ、どごやら、〝**わっちゃめぐ**〟、しか〜。

訳例　私はどこやら胸騒ぎがするな〜

【わった―わた（ど）】

語源／意味　／徹底的に（やっつけた）

使用例　頭《あだま》さ、きたどって、〝**わった―わた**〟、ど、やらいだけど。

訳例　頭にきたって、なんども殴られたんだって。

【わったり】

語源／意味　／思いっきり、力を込めて

使用例　わんちかばり、でねぇ、〝**わったり**〟、ぶつけだ、のや。

訳例　少しばかりではなく、思いっきりぶつけたんだ。

【わっぱづら】

語源／意味　／丸顔をからかう表現

使用例　あこの家の、婆もしぇ、〝**わっぱづら**〟、だっけぇ、へでも、人っこ、だば、たいしたいい人《ふと》だおだっけ。
訳例　あそこの家の婆さんは、まんまる顔なんだけど、人柄はとてもいいんだっけ。

【わらし（こ）】
語源／意味　／童、子供
使用例　年ばりとても、まだ、〝**わらしっこ**〟、だにかてな。しかだ、ねな。
訳例　年だけはとっても、まだ幼くてね、困ったもんだな。

【わらへな（でぇ／ど）】
語源／意味　／笑わせるな
使用例　〝**わらへなで**〟、へば、がぁどの、仕事《しごだぁ》、どだてや。
訳例　笑わせるなよ、だったらお前たちの仕事はどうなんだよ。

【わらしゃど】
語源／意味　／子供達
使用例　〝**わらしゃど**〟、さ、飴コ、でも、買《か》てやて、けろ、かぁ。
訳例　子供達に、飴玉でも買ってあげてちょうだい、ほれ。

【わんじゃ—に】
語源／意味　／わざわざ
使用例　人《ふたぁ》、〝**わんじゃ—に**〟、けで、けだもの、粗末にさねぇんだ。
訳例　人がわざわざ下さった物を、粗末にしないんだ。

【わんつか／わんづが】
語源／意味　／少し
使用例　あんまり、めぇったらでや、俺《おぃ》サ、それ、〝**わんつか**〟、御馳走《ごっちょ》してけねべぇが。
訳例　あんまり美味しそうだから、私にそれを少しだけ御馳走してくれませんか。

ん

【んだ】
語源／意味　／そうだ

使用例　「んだべぇ」「〝**んだ**〟。」
訳例　「そうだろ」「そうだ。」

【んだ―んだ】

語源／意味　／そうだそうだ
使用例　「んだべぇ」「〝**んだ―んだ**〟。」
訳例　「そうだろう」「そうだそうだ。」

【んだが】

語源／意味　／そうか
使用例　「〝**んだが**〟」「んだ。」
訳例　「そうか」「そうだ。」

【んだす／んだんす】

語源／意味　／そうです（敬語）
使用例　「んだスか?」「〝**んだす**〟。」
訳例　「そうですか?」「そうです。」

【んだすか〜／んだんすか〜】

語源／意味　／そうですか（敬語）
使用例　〝**んだすか〜**〟、へでも、そいだば、少し、たいなぐ、なねべがな。
訳例　そうですか、でもそれだと、少し足りなくならないですかね。

【んだすな〜】

語源／意味　／そうですね（敬語）
使用例　〝**んだすな〜**〟、その通り、だど、思《おも》てらす。
訳例　そうだすね、その通りだと思っています。

【んだども】

語源／意味　／そうだけど…
使用例　〝**んだども**〟、こいだば、わんちか、たいね、おでねがな。
訳例　そうだけど、これだと少し足りないんじゃないかな。

【んだどもす】

語源／意味　／そうですが（敬語）
使用例　〝**んだどもす**〟、そいだば、さっと、違《ちが》る、ので、ねぇすべが。
訳例　そうですけども、それだとちょっと違うんじゃないでしょうか。

【んだどがんす】

語源／意味　／そうなのですか（敬語）
使用例　〝**んだどがんす**〟、へば、そいふに、やて、みらんす。

訳例　そうですか、では、そのようにやってみます。

【んだべぇ】

語源／意味　／そうだろう

使用例　〝**んだべぇ**〟、だがら、やめだほぁいい、って、しゃべたべぇしぇ。

訳例　そうだろう、だから止めた方がいいよ、って話したじゃないか。

【んだべしゃ】

語源／意味　／そうだろう…

使用例　〝**んだべしゃ**〟、へでがに、ほでねぇって、言《へ》ってるねぇが！

訳例　そうじゃないか、だから違うって言っているだろう！

【んでねぇ】

語源／意味　／違う

使用例　〝**んでねぇ**〟、でば、なんぼげぇりも、しゃべてらべ。

訳例　そうじゃないって何回も言ってるだろ。

【んでねす】

語源／意味　／違います（敬語）

使用例　〝**んでねす**〟、なんぼげりも、しゃべてらスべ。

訳例　そうではないです。何回も話しているじゃないですか。

【んでねぇ―すなぁ】

語源／意味　／違いますねぇ（敬語）

使用例　〝**んでねぇ―すなぁ**〟さっと、ここだげぇ、違《ちが》る、のっすよ

訳例　違うんですよ、少し、ここだけちがうんですよ。

【んなぁ】

語源／意味　／お前

使用例　〝**んなぁ**〟、昨日朝《きなさま》、あわくて、どごさが、行《え》ったっけぇ、何が、あったおだな。

訳例　お前、昨日の朝、急いでどこかに行ったけど、何かあったのか。

あとがき

まだ、パソコンが普及していなかったワープロの時代から書き留めていた〝方言集〟を、三十年余り〝うるがし〟、恥ずかしながら、本になることになってしまいました。

私の地元の山、五ノ宮嶽の案内の依頼が巡りめぐって私のもとにきて、無明舎出版の安倍氏に、山とは別のことなのですが、実は……と切り出したのがこの方言集出版のこと。

偶然、公衆トイレのとなりどうしで用足しをしながら、〝やっと〟、見て気づき、四十数年ぶり、偶然お会いした恩師の先生を後日呼び出して、原稿を見て頂いたのは高校生の頃の現代国語の先生。

「アキヒロ!タイトルは、鹿角ことばがいいのでねぇが!」とも。

私の周りには両親や叔父や叔母たちをはじめとする方言しか話さない人たちが大勢いました。あの人たちの味のある言葉は真似できないにしても、どこか気にかかることがあって覚えていたようです。

一言でいうと、味があるとでも、温かみがある、とでもいうかもしれませんが、そんな平板な表現だけではなく、暮らしの楽しさや厳しささえも感じるとでもいうのでしょうか。

そんなことを感じていたのだと思います。

鹿角には4系統の方言があると教えて下さった方がいます。
その一つは花輪の商家（非農家）で、地区内でも、農家とでは相当の言葉の違いがあるようです。
もう一つは、農村地域、私の育った八幡平地区のくくりになると思います。ですから、この冊子のタイトルは〝鹿角ことば〟ではなく、〝八幡平ことば〟の方が正しいかもしれませんが、言葉は人の動きの中で影響を受けていくものだと思うので、〝鹿角ことば〟で良しとさせて頂きます。

この冊子を編集するにあたり、以下の出版物を参考にさせて頂きました。感謝いたします。

本堂　寛「岩手方言の語源」（熊谷印刷出版部）
大槻猪代治「八幡平言葉あれこれ」（大館孔版社）
大里武八郎「鹿角方言考」（鹿角方言考刊行会）
内田　武志「鹿角方言集」（国書刊行会）
「八幡平老人クラブ学習記録」（大館孔版社）
秋田県教育委員会「秋田のことば」（無明舎出版）
山谷　昌人「花輪弁今昔」

索　引

【き/ぎ】

【く/ぐ】

【け/げ】

【す/ず】

【せ】

【そ】

【た/だ】

【ち】

【つ/づ】

【て/で】

【と/ど】

著者略歴

阿部 明広（あべ・あきひろ）

昭和33年（1958）、秋田県鹿角郡八幡平村生まれ。

高校卒業後、航空自衛隊入隊。その後、地元に帰り、青年会活動にどっぷり。地元山岳会にも加わり、八幡平の樹氷の調査などにかかわる。福祉関連の仕事を50代半ばで退職。自然関係の仕事に就職し、現在にいたる。公私にわたり「山と関わる」暮らし。

現在は、藩政期の鹿角街道の調査研究に取り組んでいる。

鹿角ことば—方言の森を歩く
定価一七六〇円〔本体一六〇〇円＋税〕
二〇二五年三月十日　初版発行
著　者　阿部明広
発行者　安倍　甲
発行所　㈲無明舎出版
秋田市広面字川崎一一二—一
電　話／（〇一八）八三二—五六八〇
ＦＡＸ／（〇一八）八三二—五一三七
製　版　㈲三浦印刷
印刷・製本　㈱シナノ

ISBN 978-4-89544-694-5